甲自由呼吸

小角落
大自然

XIAO JIAO LUO
DA ZI RAN

主　编：任　婕　陈贻莉
副主编：刘　悦　沈　瑜　张寅韬
　　　　汤新花　李　芬

NORTHEAST NORMAL UNIVERSITY PRESS
WWW.NENUP.COM

东北师范大学出版社

图书在版编目(CIP)数据

小角落　大自然 / 任婕，陈贻莉主编. —长春：
东北师范大学出版社，2019.1
ISBN 978-7-5681-5368-3

Ⅰ.①小…　Ⅱ.①任…　②陈…　Ⅲ.①学前教育－教
学参考资料　Ⅳ.①G613

中国版本图书馆 CIP 数据核字(2019)第 008334 号

□责任编辑：隋晓莹　　□封面设计：槿容轩
□责任校对：张　驰　　□责任印制：徐云荣

东北师范大学出版社出版发行
长春净月经济开发区金宝街 118 号(邮政编码：130117)
电话：0431-84568131
网址：http://www.nenup.com
电子函件：sdcbs@mail.jl.cn
南京孚嘉印刷有限公司印装
2019 年 3 月第 1 版　2019 年 3 月第 1 次印刷
幅面尺寸：185mm×260mm　印张：12.75　字数：208 千

定价：58.00 元

目　　录

自然角故事

写在前面的话

　　秉承"在泥土香中自由呼吸，在书香中滋养心灵"的办园理念，我园自开办以来一直着力打造和谐自然的生态环境。对 3—6 岁儿童来说，环境应该是充满植物、充满生机、充满游戏的。可以这样说，种植植物、饲养动物是幼儿园的应有元素，也是幼儿园课程的重要资源。我们可以让植物进入幼儿园每一个可能的角落，班级自然角的创设正是让自然的生机充盈幼儿园班级的空间，可以让我们的环境真正地"活"起来，让每一个班级都成为花园和乐园。在创设的过程中，我们的老师们蕙质兰心，越来越注重在环境美的基础上让幼儿获得更多的观察、发现和管理的机会，去不断尝试理解幼儿的需要，追随幼儿的年龄特点和兴趣去创设、去呈现、去开展自然角里的教育活动。

　　幼儿园里的自然角，对幼儿发展具有多元的价值和积极的意义。这样的一个区域，通过优美的环境陶冶幼儿的情操，它本身集种植、养殖、观察发现、猜测探究、表现表达等的过程就是幼儿园课程的重要内容。幼儿参与种植与管理，既能锻炼多种运动能力，也能获得很多种植、养殖方面以及有关植物、动物的知识和经验，如了解植物叶子的形态、构造，蚕宝宝和桑叶等。在参与种植、养殖和管理的过程中，幼儿对很多动植物的生长过程可以有深入的了解，对植物的根、茎、叶、花、果实等都可以有对比性的了解，通过各种感官感知动植物的特性，发展观察能力和比较能力。当然，在这个过程中，幼儿的审美能力、数概念、责任意识、与同伴的协作能力、计划能力等都可能得到发展。因此，我们需要进一步明确的是自然角的创设不是随意的行为，而是有目的、有计划的行为，这个计划是我们课程的一部分，是为幼儿服务的，我们目前在做的自然角创设的这项工作，就是我们园本化课程的设计和实施的一部分。幼儿园的种植不只是为了好看，更多的是为了幼儿的发展，我们需要尽可能地发挥自然角创设的教育价值。

儿童的发展是一个整体，我们在研究中也逐步探寻出自然角里多元的教育价值，可以通过多样丰富的环境创设及与其他的区域活动、游戏活动相渗透来实现。例如，花香绿植中的自主阅读就是我们很多孩子喜闻乐见的活动方式；开花店的实景游戏，让幼儿了解培育管理的方法，认识了解花朵的形态结构；自然角里的写生活动也让孩子们在观察中进行自由的表现与创作。儿童多元经验的生长在自然角中达成，他们的发展是我们创设自然角环境、开展自然角里各种活动的最大动力。

让幼儿在充满生机的环境中通过全身心参与得到发展，是幼儿园教育的理念，也是幼儿园教育的实践过程。我们的这种理念和实践也会影响每一个孩子对自然的热爱、对生命的关注，也会辐射进孩子的家庭。在班级创设自然角的过程中很多时候我们会调动家长资源，幼儿园的环境常常也是家庭环境的楷模，幼儿园的教育实践常常是家庭教育的榜样。因此，我园泥土香的文化与园本课程中，注重种植、养殖，注重对植物、动物的观察，这种教育已经从幼儿园延伸到每一个在园幼儿的家庭中。老师和孩子将关注植物、关注生命、注重观察等基本理念传播给家长，也让家长在家庭里种植植物，注重引导幼儿关注社区中及其他自然环境中的多种多样的动植物，给幼儿创造一个家园一致的良好的教育和生活环境，让教育的价值更大化。

只要我们拥有热爱生命的眼睛，只要我们关注自然的教育价值，只要我们真正懂得幼儿的需要，就可能创造一个充满生机的幼儿园环境。我们如何在《3—6岁儿童学习与发展指南》的引领下，因地制宜地创设班级中的自然环境，更好地发挥其教育价值，让幼儿在贴近自然、探究自然、自主自由、创造愉悦的氛围中生活、学习与游戏，达成身心健康发展。本书将各年龄段班级自然区域创设实例、经验进行整理，以表格、图示、说明及教育故事等方式呈现具体内容以达成经验的总结与推广。

任婕　南京市香山路幼儿园

班级自然角创设本土化经验梳理

南京市香山路幼儿园遵循"在泥土香中自由呼吸,在书香中滋养心灵"的办园理念,以"让每一个孩子获得幸福成长"为目标,着力打造自然的、生态的、充满生机的自然环境。园内花木葱茏,四季如春,创设了以土地、花草、绿树、沙子、流水等为特征的自然活动场地,为幼儿提供了亲近自然、探索自然的条件。近年来,"泥土香"的环境创设更是植入了幼儿园的每一个角落。

班级自然角作为幼儿园教育环境的一部分,成为了我园"泥土香"氛围中的重要的内容之一。在这样一个生机充盈的空间里,幼儿可以最近距离亲密感受自然、探索自然。一个个生动的小角落,成为大自然的缩影,孩子们的行动遍布其间。

在自然角的创设中,我们遵从孩子内心的真实需求,努力创设属于孩子们的花园和乐园。我们一直潜心研究自然角与幼儿教育之间的关系,从幼儿所在的自然资源与生活背景出发,选择适合幼儿兴趣、认识特点和行为特点的资源,在课程游戏化的背景下,以幼儿为主体,通过与其他的区域活动、游戏活动相互渗透,创设一个真正属于孩子的自然角环境,期待幼儿获得更加多元的收获与发展。

一、班级自然角环境的整体设计

1. 以儿童为主体

每个人对于自然角的认知是不同的,那么孩子心中的自然角又是怎么样的呢? 在近八年的研究过程中,我们从教师创设环境——幼儿为主体创设环境这一路走来,看到的是自然角环境的变化,看到的是幼儿参与、互动的变化,看到的是教师教育理念及行为的变化。现阶段,幼儿成为了班级自然角环境创设的主人,通过设计、调查、访问、搜集、亲子参与等一系列有趣的活动,孩子们创建了心中那一个梦想的花园和乐园。例如,中班"童趣谷"为主题的自然角环境创设中,孩子们设计了观察区、种植区、观赏区,不仅有各色花卉、蔬菜,墙面上还有各种绿色植物。另外,还有孩子们喜欢的沙池、帐篷(游戏活动),写生的画架(区域活动),以及他们想去了解的乌龟和蚕宝宝(饲养区)等等,这就是孩子们心中的自然角。

2. 形成班班有特色的自然角环境

在打破了传统的自然角环境格局和以教师为主体的环境创设形态下,基于幼儿的兴趣和需要,以幼儿为主体进行自然的环境创设,充分发挥了幼儿的参与性,鼓励幼儿亲历创设的过程,与班级的区域活动、游戏活动相融合,根据各年龄段不同的特点,创设出班班有特色的自然角环境。例如,大班的"草趣"引发儿童思考:哪些草是可以种的?草怎么种?哪些草是会动的?这一阶段幼儿对各种各样的草萌发了浓厚的兴趣。在搜集、调查、探究等一系列活动中,创设了以"草趣"为主题的自然角环境,观赏区搜集了各种各样的草(狗尾巴草、含羞草、艾草、狼尾巴草、地毯草等等),在种植区幼儿尝试种植各种不同的草,在饲养区饲养了食草的小动物(兔子),在特色区有各种草制品及手工制作等等,围绕"草"进行了深入的探究及发现。在这里想说明的是,以"草趣"为主题并不是指自然角中只是创设相关的环境,而是各班级也可以根据季节特点、幼儿兴趣及需要丰富自然角的环境。

二、自然角的区域划分

让幼儿接触自然,关注动植物,感受生命的成长,从而珍惜生命,爱护生命,这是中西方很多幼儿教育家的共同观点。《幼儿园教育指导纲要(试行)》在科学领域的内容与要求中提出"提供丰富的可操作的材料,为每个幼儿都能运用多种感官、多种方式进行探索提供活动的条件"。自然角环境创设中应具有多样性、丰富性、具体性、可操作性等特点,这样不仅能够引起幼儿的观察兴趣,还激发了幼儿的探究热情。在我园自然角实践和研究的过程中,期待幼儿通过多元的种植养殖内容,感知生命的成长,感知生命的多样性,感知动植物与环境之间的关系等等。为此,现阶段我们将班级自然角划分为 4—5 个区域,期待在这个亲密接触自然的小角落里幼儿获得多元的发展。在此,自然角环境创设以内容为线索,进行区域的划分。

1. 种植区

创设交往环境、探究性的种植环境,投放适宜的种植材料与种植工具,采用小组或个别等活动形式,自主地操作、发现、探索植物生长的全过程。种植的内容主要包括蔬菜、瓜果、粮食作物等,也可根据幼儿兴趣进行各种创意的种植。例如,大班幼儿对各种水果的种子有着浓厚的兴趣,经过观察、发现、探究后尝试用各种水果的种子进行种植,并进行持续的观察。

2. 观赏区

通过调查、访问等形式,根据幼儿的兴趣和需要,通过搜集、亲子寻找等多种方式,提供各种观赏性植物。观赏区的主要内容有观花类、观叶类、观茎类、观根类等等。例如,春天,小班幼儿对各种花卉萌发了浓厚的兴趣,搜集形态不同的花卉,感知生命的多样性。

3. 饲养区

根据班级幼儿的兴趣、需要和季节特点,结合班级自然角的空间特点,选择幼儿感兴趣的、常见的小动物,提供适宜的饲养器具,进行管理、照顾、观察、探究等活动。饲养区的主要内容有金鱼、小乌龟、泥鳅、虾、各种昆虫等。例如,春天是螺蛳盛产的季节,幼儿对螺蛳萌发了浓厚的兴趣,教师提供透明的玻璃容器饲养螺蛳,儿童通过持续的观察、探究,深入了解螺蛳的特征及习性。

4. 实验区(中、大班)

根据《3—6 岁儿童学习与发展指南》中科学领域的相关内容,感知生物的身体特征、生物的基本需求、生物的简单行为、生物的生命周期,感知生命的多样性,感知生物与环境的相互作用等。根据各年龄段特点,基于幼儿的兴趣及需要,教师创设各种有利于实验的环境,如各种实验的器具、材料等。儿童通过观察及操作,探究发现自然中的科学知识。实验区的主要内容有:在不同环境中植物生长的区别、植物的向阳性、植物生长所需的条件、生态瓶等等。例如,在大班以"水"为主题的自然角环境中,儿童尝试通过操作、实验,探究净化水的方法及科学知识,制作净水器,过滤浑浊的水,从而再循环利用至自然角之中。

5. 特色区

根据班级幼儿的兴趣和需要,结合季节特点,通过手工活动、亲子制作、特色展示等形式,形成富有特色的互动式区域,丰富和提升幼儿的相关经验。特色区通常围绕相关"主题"内容进行创设,注重互动性及操作性。例如,在小班"美丽的秋天"的自然角环境中,特色区展示了各种秋天的果实,幼儿在看一看、摸一摸、闻一闻的过程中,提升对于秋天果实的认识和了解,同时与操作活动相结合——"有趣的水果娃娃",进一步感受水果的不同特征。

三、自然角创设与幼儿发展——关注多元经验的获得

自然角的环境创设与过程已经成为我园课程的重要内容,幼儿在参与设计、规划、选择、布置、观察、探究、游戏等一系列的过程中,多元的经验不断获得发展。

1. 科学素养不断提升

"幼儿园要布置一个科学的环境,尽可能地引导儿童栽培植物(花卉、蔬菜),布置庭院,从事浇水、除草、收获种子等工作,并饲养动物。经常指导儿童对环绕着他们的自然界的事物和现象进行观察和研究,从园地的栽培管理、动物的饲养以及日月星辰的变化、鸟雀鸣虫的歌声,透过儿童的双手和感官,使儿童对自然界的事物有着正确的认识,使儿童懂得自然界与自然现象之间的关系"。自然角的环境创设,给予了幼儿亲密接触自然的机会,在亲近自然、探索自然的过程中激发幼儿的好奇心和探究欲。在此基础之上,幼儿在种植区中劳动与观察,在观赏区中发现与感知,在实验区中操作与探究,在饲养区中照顾与了解,在特色区中深入与提升等等,幼儿的科学素养不断获得发展。

2. 语言能力在运用中不断提升

在实践研究中,多元的教育价值通过与区域活动、游戏活动相融合。幼儿的发现与表达,幼儿的猜测和疑问,幼儿的探究与分享,同伴间的交流与互动等等,这样幼儿的语言能力在运用的过程中不断得以发展。

3. 社会性的发展在交往中不断提升

在交往的过程中,制定自然角中照顾与管理的规则,小组合作、同伴合

作进行种植养殖,学会解决各种困难等,在这个过程中,幼儿良好的社会性行为不断获得发展。

4. 体育能力在锻炼中不断提升

在自然角种植、管理、照顾等过程中,浇水、搬运花盆、挖土、移栽、打扫小动物的家等,在一系列劳作、照顾的过程中幼儿的小肌肉、大肌肉协调能力都获得发展。除此之外,在亲密接触自然的过程中,幼儿的身心是愉悦的,情绪是积极的。

5. 在自然之美中获得感性的经验

自然界中的美是多种多样的。罗丹说过:"生活中不是缺少美,而是缺少发现美的眼睛。"幼儿在亲密接触自然角的过程中,不断获得来自大自然所赠予的审美体验,感受自然之美的力量,审美能力不断提升。

此外,在亲密接触自然的过程中,大自然就像神奇的宝库,具有丰富的物产和神秘莫测的现象。而这些事物足以引发幼儿的好奇心和探究欲,始终对自然角中的动植物充满了兴趣。在自然的环境氛围中,教师支持和鼓励幼儿主动地探究,大胆地表现与表达,认真专注地观察等等,幼儿良好的学习品质也不断获得发展。

四、自然角创设的教师支持策略

1. 自然角空间环境的创设

(1) 创设可以"走进"的空间

这里的"走进"是指幼儿能够进入自然角的各个区域之中,并留有足够的空间给予幼儿观察、探究、记录、照顾等,各区域的划分布置应充分考虑幼儿操作的实际需求,切勿仅为了美观而忽视幼儿的参与及互动。

(2) 亲历的过程显性化

在前面说到,我园的自然角环境是以幼儿为主体进行创设的,从动植物的选择、种植的过程、探究的过程、幼儿的发现及问题的解决,这样一系列的过程应显性化。通过观察记录、照片、幼儿绘画等多元的方式,幼儿参与的过程在环境中呈现。这样,幼儿既看到了探究的过程,又丰富了经验,最重要的是幼儿进入自然角后从环境中了解观察探究的目的及相关的方法。亲历的过程也可以由教师和幼儿共同来完成和呈现,充分体现幼儿是环境中的主人。

（3）关注幼儿与自然角环境的互动

幼儿在与自然角环境互动的过程中，每个幼儿的兴趣及获得的经验是不同的，教师作为幼儿的支持者、合作者、引导者，应蹲下身、仔细听的姿态，了解幼儿与环境的互动，并给予适时的回应，创设开放的空间，记录下幼儿的发现和疑问，鼓励幼儿大胆地表现与表达。

（4）成为重要的课程资源

自然角的创设不是随意的行为，而是有计划的行为，这个计划是我们课程的一部分，是为幼儿服务的。因此，我们应重视自然角中资源的运用，重视幼儿与自然角环境的互动，不断提升教师的课程意识，充分发挥自然角的教育价值。

2. 活动的组织方式

（1）自主进入

我们常说一日活动皆课程，在一日活动中，鼓励幼儿结合一日活动中的各个环节，创设宽松的氛围，鼓励幼儿自主进入自然角，参与照顾与管理、探究与发现。例如，晨间游戏、自由活动时间、游戏活动时间等，幼儿根据自己的需要，选择适宜的时间进入自然角。

（2）与游戏活动相融合

在传统的方式中，自然角曾作为一个独立的区域存在。现阶段，在实践与研究中，我们将自然角与班级的区域活动、游戏活动相融合，幼儿进入自然角的时间更加充裕，观察、发现、探究的机会不断增加，在持续的观察探究的过程中，对动、植物的观察也更加深入。此外，在融合的过程中，多元的经验不断获得发展，如自然与阅读、自然与游戏、自然与创造等等，在自然的环境氛围中相互促进，相互发展。这是我们的尝试与探究，也是我们的实践与突破。

（3）注重家庭的互动及延伸

生机充盈的自然角也成为亲子互动的有益空间。利用家长每日接、送环节，引导家长及幼儿共同参与到班级自然角的创设和管理之中，共同参与到自然角中动植物的观察与探究之中。同时，将自然角中的价值及教育理念渗透、辐射至家庭之中。此外，通过假期"领养"等活动进一步促进家园互动。

亲近自然是俯下身来,细嗅花香;是轻轻走过,不忍惊动觅食的鸟儿;是以最虔诚的态度尊重每一个生命。因此,培养幼儿亲近自然的积极情感和态度就是让幼儿形成对自然界的探究兴趣,从人类最基本的同情心出发,萌发幼儿对于自然的责任感,引导幼儿关爱生命、尊重自然,发现自然界的美,学会欣赏自然,只有这样,幼儿亲近自然才能具有完整的意义。班级的自然角作为最近距离亲密接触自然的一个小角落,我们在实践中看到其价值并在探究中不断尝试与突破,在基于观察幼儿的基础上,不断调整与发现。这是属于孩子们的快乐的花园和乐园,这是属于孩子们的最亲密接触自然的角落,这是孩子们心中的自然天地,这就是香山路幼儿园的自然角。

陈贻莉　刘悦　南京市香山路幼儿园

自然角各年龄段目标梳理

表一 "小角落,大自然"目标及实现途径梳理表

小班

总目标	1. 亲近大自然,愿意主动观察自然角的动植物,并能说出它们的名字和明显特征。 2. 学习使用劳动工具及照顾动植物的方法,积极参与其中。 3. 能够通过亲身参与种植、养殖活动,感受动植物的生长过程,在种植、饲养的过程中增进亲子感情。 4. 愿意主动观察并照顾动植物,发现其生长变化,愿意与同伴分享其发现。 5. 能感知和区分植物的高矮、长短、粗细和变化,并学习与参照物进行对比记录。 6. 愿意与同伴交流自己的想法,拓展和迁移自己的生活经验。				
	各区域目标达成				
	观赏区	种植区	饲养区	特色区	延伸拓展区
活动目标	1. 主动观察自然角的植物,大胆表述自己的发现,并能说出常见植物的名字和明显特征。 2. 愿意主动照顾植物,学习照顾植物的方法,适时地给植物浇水、松土。 3. 知道水培植物和土培植物的区别。 4. 能用粘贴、涂鸦的方式记录观察结果。 5. 体验劳动的快乐并能够爱护植物。	1. 能够通过亲手种植感受植物的生长过程,在种植中增加亲子感情。 2. 感知植物生长带来的变化,并能用粘贴、涂鸦等方式记录。 3. 感知和区分植物的高矮、长短、大小、多少等不同特点。 4. 乐意与同伴一起发现并分享有关植物的新奇、有趣的事物或现象。	1. 了解金鱼、乌龟等动物的外形特征以及生活习性。能够定期为动物换水,保持动物生活环境的干净整洁。 2. 学会照顾金鱼、乌龟等动物的方法,共同讨论并制订照顾的方法,遵守约定,轮流照顾小动物。 3. 喜欢金鱼、乌龟等小动物,热爱大自然。 4. 在喂食的过程中,理解"多""少"以及"数量的变化",学会正确喂食的方法。 5. 愿意对小动物进行观察、探究并发现其变化。 6. 喜欢承担一些小任务。	1. 认识各种花卉、萝卜和昆虫,了解它们不同的外形特点。 2. 能够根据花卉、萝卜的特征,尝试进行分类、汇总。 3. 通过阅读相关绘本,了解更多的关于花卉、自然的知识,并能够大胆地说一说自己的想法。 4. 能利用废旧物和自然物材料,通过剪、贴、撕、画、拓印等方式进行亲子制作、同伴制作等。 5. 愿意与同伴交流自己的发现,迁移生活经历,分享经验。	1. 通过观察、绘本阅读、绘画、拼图、连线、大小排序等活动巩固对动植物生活环境和习性的认识。 2. 愿意动手操作,在操作过程中遵守常规。 3. 体验完成作品的成就感。活动结束后能主动收拾整理,保持环境的整洁。 4. 愿意和同伴友好地合作,享受合作、分享、交流的乐趣。

指南目标				
1. 认识常见动植物，能注意并发现周围的植物是多样的，对感兴趣的事物能仔细地观察，发现其明显特征。 2. 喜欢接触大自然，对周围很多的事物和现象感兴趣，初步了解和体会动植物与人们生活的关系。 3. 能感知和发现物品的软硬、光滑和粗糙等特性。 4. 能注意物体较明显的形状特征，并能用自己的语言描述。 5. 爱护动植物，关心周围环境，亲近大自然，珍惜自然资源，有初步的环保意识。	1. 感知生物的多样性和独特性，以及生长发育、繁殖和死亡的过程。 2. 能用多种感官或动作去探索物体，关注动作所产生的结果。 3. 初步了解和体会动植物和人们生活的关系。 4. 能注意物体较明显的形状特征，并能用自己的语言描述。 5. 能感知和区分物体的大小、多少、高矮、长短等方面的特点，并能用相应的词表述。 6. 喜欢承担一些小任务。	1. 幼儿关注和了解自然与人们生活的密切关系，逐渐懂得热爱、尊重、保护自然。 2. 通过饲养活动，感知生物的多样性和独特性，以及生长发育、繁殖和死亡的过程。 3. 对感兴趣的事物能仔细观察，发现其明显特征。 4. 体验和发现数量的概念在生活中的运用。 5. 自己能做的事情愿意自己做，喜欢承担一些小任务。	1. 经常问各种问题或好奇地摆弄物品。 2. 对感兴趣的事物能够仔细观察并发现其明显特征。 3. 能用多种感官或动作去探索物体，关注动作所产生的结果。 4. 愿意与熟悉的长辈一起活动。 5. 能注意物体较明显的形状特征，并能用自己的语言描述。 6. 能感知和发现物体和材料的软硬、光滑和粗糙等特性。	1. 认识常见的动植物，能注意并发现周围的动植物是多种多样的。 2. 能感知和区分物体的大小、多少、高矮、长短等方面的特点，并能用相应的词表示。 3. 能感知物体的基本的空间位置与方位，理解上下、前后、里外等方位词。 4. 愿意表达自己的想法和需要。

中班

总目标	1. 愿意观察、关注班级自然角中的动植物,乐意动手照料,乐在其中。 2. 了解自然角动植物的名称、外形特征及生长特点,感知发现动物的生活习性和变化。 3. 感知植物的生长条件,喜欢观察植物的长势,发现其生长变化,并用简单的图画或符号进行相关的记录。 4. 能对自然角中的植物进行观察比较,发现其相同与不同,能根据观察的结果提出问题并大胆地猜测答案。 5. 喜欢探究新发现,并有追寻答案的欲望,能通过简单的调查收集相关信息。 6. 初步感知季节与动植物生长变化的关系。 7. 在欣赏自然角环境时,关注其色彩、形态等特征,能用绘画、手工制作等方式表现自己观察到的事物。

各区域目标达成					
观赏区	种植区	饲养区	特色区	实验区	延伸拓展区
活动目标 1. 喜欢近距离地观察植物,能描述出它们的名称以及形态特点。 2. 感知植物的生长条件,喜欢观察植物的长势,发现其生长变化,并用简单的图画或符号进行相关的记录。 3. 愿意照料花草,有维护它们的意愿。 4. 能对观察现象提出问题,愿意主动查找与植物相关的资料信息,丰富认知经验。	1. 大胆猜测植物的习性,通过实验对比了解植物生长所需的条件。 2. 喜欢参与自然角种植活动,并乐在其中。 3. 通过种植中的观察,初步感知季节、气候、温度等对植物生长的影响。 4. 能对植物的生长过程进行图画方式的记录。	1. 观察小动物的外形特征,了解它们的生活习性。 2. 定期照顾小动物,并做好记录,观察它们的日常状态。 3. 喜欢小动物,有责任心和爱心。 4. 能感知和体验不同季节里的植物的明显变化,并能提出自己的问题和发现,主动验证。	1. 能表达出叶子外部形态的区别。 2. 能通过一个线索,如一片叶子,寻找到植株。 3. 观察了解豆子的种类、外形特征,探索豆子的各种用途。 4. 能将豆子与绘画、泥塑、手工制作等方式结合,给自然角添上美丽的色彩。 5. 欣赏豆子拼贴画,感受自然角的美。 6. 能探索并发现常见的物理、地理等现象产生条件或影响因素,结合生态瓶初步了解地质结构。	1. 认识多种植物,知道它们的名称和外形特点。 2. 能根据观察结果结合日常的生活经验提出问题,并大胆猜测答案。 3. 感知和发现植物的生长变化,探究植物叶子是否会变色,并进行记录。 4. 动手动脑探究植物根须的生长变化。 5. 通过猜想、实验、对比发现不同环境下土豆发芽情况的不同。 6. 乐于动手动脑,能主动探究,感受植物生长变化的奇妙。	1. 能细致观察不同的叶子,并能用符号对自己观察到的结果进行简单的记录。 2. 能注意到冬季动物的变化,并愿意探究思考动物变化的原因。 3. 通过挖、洗、摘等方式收获不同种类植物的果实。 4. 能根据实践过程中所见所闻提出新的问题,并对问题进行探究。 5. 愿意与别人分享自己的见解和发现,喜欢谈论自己感兴趣的事情。

| 指南目标 | 1. 喜欢接触新事物，经常问一些与新事物有关的问题。
2. 常常动手动脑探索物体，并乐在其中。
3. 能用图画或其他符号进行记录。
4. 能通过简单的调查收集信息。 | 1. 喜欢接触新事物，经常问一些与新事物有关的问题。
2. 常常动手动脑探索物体和材料，并乐在其中。
3. 能对事物或现象进行观察比较，发现其相同与不同。
4. 能根据观察结果提出问题，并大胆猜测答案。
5. 能用图画或其他符号进行记录。
6. 能感知和发现动植物的生长变化及其基本条件。
7. 能感知和发现不同季节的特点，体验季节对动植物和人的影响。 | 1. 能用图画或其他符号进行记录。
2. 能感知和发现动植物的生长变化及其基本条件。
3. 能感知和发现不同季节的特点，体验季节对动植物和人的影响。 | 1. 喜欢接触大自然，对周围的很多事物和现象感兴趣。
2. 常常动手动脑探索物体和材料，并乐在其中。
3. 能经常动手动脑寻找问题的答案。
4. 探索中有所发现时感到兴奋和满足。 | 1. 能感知和发现动植物的生长变化及其基本条件。
2. 能用图画或其他符号进行记录。
3. 能根据观察结果提出问题，并大胆猜测答案。 | 1. 能通过简单的调查收集信息。
2. 能用图画或其他符号进行记录。
3. 能根据观察结果提出问题，并大胆猜测答案。
4. 能用图画或其他符号进行记录。
5. 能感知和发现动植物的生长变化及其基本条件。 |

大班

总目标	1. 了解动植物的外部特征、生活习性以及与人类的密切关系。 2. 通过观察、比较,发现不同种类动植物的特征或生长前后的变化。 3. 会用照片、图文等方式记录动植物的生长发育、繁殖和死亡的过程。 4. 了解动植物的生长周期及其变化的关键阶段。 5. 能与同伴分工合作,遇到困难能一起克服,发现并分享周围新奇、有趣的事物或现象。 6. 积极参与种植和饲养活动,感知生命的多样性和独特性,懂得尊重和珍惜生命。

各区域目标达成

	观赏区	种植区	饲养区	特色区	实验区	延伸拓展区
活动目标	1. 能发现大自然的美,欣赏不同季节植物(花卉类、草趣类、竹子类、多肉类)带来地美的体验。 2. 多感官参与观察,掌握观察的方法,了解动植物生长中的变化。 3. 积极与同伴合作、分享交流,体验探究和发现的乐趣。 4. 愿意与同伴一起照顾植物,维护整洁美观的环境。	1. 能主动参与种植、管理、收获等活动过程,有责任意识,感受植物生长的神奇,体验种植带来的乐趣。 2. 能用数字、照片、图画、图表或其他符号记录植物的生长过程。 3. 通过观察、记录、管理等活动,增强责任意识。 4. 在种植过程中与同伴分工合作,遇到困难主动寻求答案。 5. 学习简单的种植技能,如刨坑、移栽等,正确使用劳动工具。	1. 通过饲养,了解动物、昆虫等生物的生活习性,并有计划地进行照顾。 2. 饲养过程中,遇到困难能够与同伴商量解决、主动寻求老师和家长的帮助。 3. 通过观察、记录、管理等活动,保护小动物的身体,爱护小动物的生命。 4. 制定计划、合理喂养饲养区的小动物,保护小动物的身体,爱护小动物的生命。 5. 学习清理饲养区的垃圾粪便。	1. 在观察中发现几种植物的外形特征,用图文表征出几种植物的特殊功能。 2. 欣赏各种自然物,用各种各样的植物进行艺术创作,表现自然的美。 3. 活动中积极参与,能主动与同伴团结协作。	1. 对自然角的动植物、自然现象感兴趣,有好奇心和求知欲。 2. 运用各种感官,感知在不同环境中植物发生的变化,并进行记录。 3. 尝试运用不同的探究工具和方法进行观察、测量、分类、汇总、称重等操作。 4. 用语言和图表等多种形式来记录自己的探究过程。 5. 主动表达自己的发现,积极与他人交流、分享。	1. 结合生活经验,感知人与自然、动植物相互依存的关系。 2. 在细致观察的基础上,进行深入的探究活动。 3. 发现各季节动植物的变化,主动思考、探究动植物变化的原因。 4. 积累各个季节适宜种植、养殖的动植物的经验,并了解原因。

指南目标						
	1. 喜欢动植物，亲近大自然，关心周围的生活环境。感知并了解季节变化的周期性，知道变化顺序。 2. 能经常动手动脑寻找问题的答案。 3. 探索中有所发现时感到兴奋和满足。 4. 能通过观察、比较与分析，发现并描述不同种类物体的特征或某个事物前后的变化。 5. 探究中能与他人合作与交流。 6. 愿意与他人讨论问题，敢在众人面前说话。	1. 能通过观察、比较与分析，发现并描述不同种类物体的特征或某个事物前后的变化。 2. 能与同伴分工合作，遇到困难能一起克服，共同发现并分享周围新奇、有趣的事物或现象，一起寻找问题的答案。 3. 有问题愿意向别人请教。 4. 愿意与他人讨论问题，敢于在众人面前说话。 5. 能用数字、图画、图表或其他符号记录。	1. 能察觉到动植物的外形特征、习性与生存环境的适应关系。 2. 对自己感兴趣的问题总能刨根问底。 3. 通过拍照和画图等方式保留和积累有趣的探索与发现。 4. 在成人的帮助下能制订简单的计划并执行。 5. 与幼儿一起发现并分享周围新奇、有趣的事物或现象，一起寻找问题的答案。 6. 能通过观察、比较分析，发现并描述不同种类物体的特征或某个事物前后的变化。	1. 积极参与艺术活动，有自己比较喜欢的活动形式。 2. 能用多种工具、材料或不同的表现手法表达自己的感受和想象。 3. 艺术活动中能与他人相互配合，也能独立表现。 4. 能用自己制作的美术作品布置环境、美化生活。	1. 亲近自然、喜欢探究具有初步的探究能力。 (1) 能够通过观察、比较与分析，发现并描述不同物体的特征或者某个事物前后发生的变化。 (2) 能用一定的方法验证自己的猜想。 (3) 能够用数字、图画、图表或其他符号记录。 (4) 探究与他人合作交流。 2. 在探究中认识事物和现象 (1) 能够探索并发现常见的物理现象产生的条件或影响因素。 (2) 初步了解人们的生活与自然环境的密切关系，知道尊重和珍惜生命，保护环境。	1. 初步了解人们的生活与自然环境的密切关系，知道尊重和珍惜生命，保护环境。 2. 能察觉到动植物的外形特征、习性与生存环境的适应关系。 3. 进一步感知常用科技产品与自己生活的关系，知道科技产品有利也有弊。

自然角各年龄段指导手册

表二 "小角落,大自然"班级自然角实施一览表

小班

区域	内 容	种养殖方式	材料准备			参与方式	支持策略
			环境材料	劳动工具	探究工具		
观赏区	花卉:菊花、月季花、长寿花、红掌、金枝玉叶等(见G1-1)	土培、水培、沙培	花盆、花架、劳动提示牌、植物标本	喷壶、水壶、滴管、抹布	放大镜	观察:个别观察、对比观察、细致观察、连续观察	1. 将植物按类别摆放,发现其共同点,从而了解各类植物的特性。2. 提供更多植物的图片,拓展幼儿的经验。3. 提供幼儿能理解的示意图,指导幼儿照顾植物的方法。
	常绿植物:发财树、蟹爪兰、竹芋、富贵竹、铜钱草、吊兰等	土培、水培	花盆、玻璃瓶、置物架			照顾:值日生照顾,小组照顾。	
	多肉植物	水培、沙培	花盆、置物架			记录:符号记录、照片记录。	
种植区	花卉:太阳花、康乃馨、小雏菊、向日葵、满天星、情人菊、洋甘菊、勿忘我等	土培	花盆、过程实录海报、种植记录表	小铲子、喷壶、水壶、安全剪刀	放大镜、卡通测量尺	表现表达:亲子语言讲述、照片呈现。 资料收集:绘本、网络、成人经验等。	1. 提供种植方法或植物生长记录表,帮助幼儿了解植物的变化和生长的过程。2. 提供插牌方便幼儿区别自己和他人的植物,也便于对比观察。
	蔬菜:萝卜(见Z1-1)、大蒜、洋葱	土培、水培	种植盆、玻璃器皿、自制器皿、胶靴		放大镜、自制测量尺、记录单		

	鱼类：观赏鱼（见C1-1）、泥鳅	水中饲养	鱼缸、养殖缸、玻璃器皿、地垫	饲料、已喂食插牌、捞鱼网兜、海绵刷、量勺	量勺、食物盛放碗、记录单、测量尺、放大镜、笔		1. 通过调查、图片帮助幼儿进一步了解饲养的动植物，拓展幼儿知识面。
饲养区	龟类：巴西龟、金钱龟	水中饲养					2. 提供饲养指导牌，规范幼儿的饲养行为，培养他们对动植物的爱护之心。
	昆虫类：蚂蚁、锹甲虫、独角仙	沙或土中饲养	透明盒、蚂蚁工坊	昆虫饲料、已喂食插牌			3. 提供已喂食插牌，避免幼儿重复喂食。
	水中植物：绒球、海藻	水中饲养	玻璃器皿	抹布、网兜			

	名　称	材料准备	参与方式	支持策略
特色区	花的游戏：花花配对、花花拼图、蔬菜印花	花花配对：颜色、形状、花瓣数目不同的压模花朵若干；自制花盆三个。 花花拼图：完整花朵压模拼图四份；自制压模拼图碎片四份、托盘一个。 蔬菜印花：秋葵、丝瓜、玉米等切成若干小段；小篮筐一个；花朵背景图一个；彩色印泥一组。	1. 幼儿自行选择想玩的游戏，在"花花配对"中，将花朵按颜色形状及花瓣数目放入相应的花盆中。 2. "花花拼图"将拼图碎片拼成完整花朵的形状。 3. "花花印章"用不同物体印出好看的花朵。	1. 提供多样的、有层次的材料供幼儿操作。 2. 提供活动示意图，指导幼儿操作。 3. 展示作品，供幼儿欣赏和互相学习。
	揭秘萝卜：萝卜叶子连线、萝卜美食海报、萝卜真好吃	1. 白萝卜、红萝卜、胡萝卜生长照片。 2. 自制萝卜美食海报。 3. 萝卜做成的各种美食的图片。	1. 幼儿对种植的萝卜进行观察，发现不同种类萝卜的叶子和茎不一样的，完成连线游戏。 2. 在爸爸妈妈帮助下制作萝卜美食，将海报展示在自然角中和同伴分享。	提供图片材料加深幼儿对萝卜的认识，了解其与自身的关系
	美丽的四季：自然物、废旧材料、四季场景图片	废旧的衬衫盒和月饼盒、彩色卡纸、黏土、胶带	利用自然物、废旧的衬衫盒和月饼盒、彩色卡纸、黏土等材料，亲子制作四季微景观	悬挂四季场景图，帮助幼儿初步了解四季的特征，并体验亲子制作的乐趣
	秋天的游戏：树叶拼贴画、果实探索、坚果DIY	各种落叶、颜料、马克笔、画纸、作品展示架、各种各样的果实、透明收纳容器	1. 寻找秋天各种各样的落叶。 2. 制作属于自己的"落叶跳舞"拼贴画。 3. 多感官探索果实。 4. 进行DIY制作，将坚果变成美丽的风景、可爱的小动物等。	提供树叶、坚果，及多样的玩法示意图，体验创作的自豪感及分享交流的愉悦感

特色区	动物萝卜	各种萝卜、彩色的"布"、纽扣、牙签及废旧材料等	用彩色的"布"在萝卜的外面制作各种小动物	1. 将幼儿的作品展出,增强幼儿的自信和快乐体验。2. 提供多样的材料,鼓励幼儿大胆想象,发展其动手操作能力,同时增进亲子互动。
	柚子宝宝（见T1-1）	柚子、眼睛、耳朵、碎布、彩纸、胶带等辅助材料	幼儿和家长一起利用辅助材料将柚子装扮成形态各异的"柚子宝宝"	
	虫虫之家	1. 各种昆虫生长过程的标本。2. 活体昆虫(锹甲虫、独角仙)。3. 动物模型(塑料昆虫、金属昆虫)。4. 各种昆虫图卡或书籍。5. 放大镜、画笔、画纸、测量尺。	1. 幼儿观察、饲养昆虫。2. 幼儿操作虫虫生态图,知道不同昆虫生活的地方。3. 尝试目测和其他测量方法比较昆虫的大小。	1. 提供多样的昆虫标本,帮助幼儿进一步认识昆虫,激发探究兴趣。2. 提供丰富的图片、实物和标本等资源,拓展幼儿的知识面。3. 提供探究工具,鼓励幼儿自主发现。
延伸拓展区	绘本阅读	1. 绘本《花婆婆》《不一样的小豆豆》《这就是二十四节气秋》《彩色的花》《野地上的花园》及其他和自然有关的书籍。2. 小方桌一张、座椅一把、书柜一个。	幼儿自行选择喜欢的绘本,阅读有关绘本的故事	提供与自然相关的图书,丰富幼儿经验
	萝卜游戏（萝卜分类、萝卜排排队）	1. 自制分类和大小排序底板。2. 自制白萝卜、红萝卜、胡萝卜各3—5个。	幼儿选择不同的底板,根据底板上的提示进行分类和排序游戏	利用萝卜外形异同的特点进行排序、分类等活动,提高幼儿观察能力和逻辑分析能力
	多肉微景观	营养土、多肉植物、镊子、喷壶、展示架、桌椅等	幼儿自由选择区域时可以选择美工区进行自由创作,并将做好的微景观放在自然角特色区进行展示	1. 材料的多选择性可以发挥幼儿和家长的创造力。2. 提供成品供幼儿创作时参考。
	叶子游戏（树叶拼画、树叶手指点画）	各种树叶、纸、颜料、大树的背景图	1. 完成树叶拼画的亲子制作。2. 区域游戏时间玩树叶拼画和手指点画的游戏。	1. 提供多样的材料,供幼儿大胆想象与创作,激发创作兴趣。2. 提供立体大树背景图,便于展示幼儿的树叶拼贴画作品,体验获得的成就感。
	虫虫游戏（虫虫涂色、虫虫泥工）	彩笔、未上色的昆虫图片、油泥、仿真昆虫、图片、展板展架	1. 给昆虫涂色。2. 用油泥制作昆虫。	提供仿真昆虫和图片帮助幼儿创作

中班

区域	内 容	种养殖方式	材料准备			参与方式	支持策略
			环境材料	劳动工具	探究工具		
观赏区	花卉植物：各类菊花（见 G2－1）、牡丹花、长寿花、红掌、月季	土培	花盆、花架	喷壶、水壶、抹布、劳动提示牌、滴管、小铲子、饲料、网兜、海绵刷、镊子、菜叶、钙粉、扫帚、簸箕	放大镜、植物标本、自制测量尺、观察记录表笔、量勺、自配食物、各种菜叶、萝卜、鼠粮	观察：个别观察、对比观察。照顾：值日生照顾、小组照顾。记录：符号记录、绘画记录。表现表达：亲子语言讲述、绘画日记、照片呈现。	1. 根据幼儿兴趣选择适宜的植物，并将植物分类摆放，了解观赏区各类植物的名称、外形特征及生长特点。2. 提供足够的时间、空间及材料供幼儿进行观察比较，发现观赏区植物的相同与不同。3. 为更多植物标本匹配二维码，供亲子参与，查阅植物信息。4. 提供幼儿能理解的示意图，引导幼儿产生自主照顾植物的意识。
	常绿植物：球兰、常春藤、竹芋、富贵竹、铜钱草、幸福树、吊兰、（见 G2－2）各种树叶标本	土培、水培	花盆、玻璃瓶、置物架、麻绳、压膜树叶标本				
	多肉植物	水培、沙培	花盆、餐桌				
种植区	水果种子种植（见 Z2－1）	土培	花盆、饮料瓶、实录照片、观察记录本				1. 提供植物生长记录本，引导幼儿关注植物的变化和生长的过程。2. 提供插牌方便小组间区别植物，也便于对比观察。
	生菜种植（见 Z2－2）	土培	木板、冰棒棍、大棚、叶子、玩偶装饰、麻绳				
	芹菜种植（见 Z2－2）						
	青菜种植（见 Z2－2）						
	铜钱草种植	土培、水培	泡沫箱、放大镜、花盆、种子				
	豌豆种植	土培	豌豆种子、架子、泥土				
	红薯种植	水培	废旧物瓶子、红薯				

饲养区	鱼类：金鱼、观赏鱼	水中饲养	鱼缸、养殖缸、玻璃器皿、增氧棒			1. 提供不同动物粮食的图标，帮助幼儿分类摆放饲料。 2. 投放饲养记录本，方便幼儿记录小动物喂食、进食量，避免重复投喂。 3. 提供幼儿对动物进食内容的猜想记录表，供幼儿进行探究结果的比对。
	龟类：巴西龟、乌龟	水中或沙中饲养				
	昆虫类：蚂蚱、蛐蛐	沙或土中饲养	透明盒			
	哺乳动物：垂耳兔、仓鼠 （见C2—1）	笼中饲养	笼子、木屑			
	软体动物：蜗牛 （见C2—2）	盒中饲养	菜叶子、胡萝卜			
实验区	植物吸水实验	水培	玻璃瓶、金丝草、网纹草、吊兰、铜钱草、绿萝、各色墨水、实验海报			1. 提供实验前集体猜想记录大表，便于幼儿记录实验对比结果。 2. 提供有不同颜色墨水的玻璃瓶，供幼儿观察其茎、叶颜色的变化，并将记录结果与之前的猜想进行对比。
	红薯发芽实验 （见S2—2）	土培 水培	各类蔬菜、玻璃器皿、实验海报			1. 提供实验前集体猜想记录大表，便于幼儿记录、对比实验结果。 2. 提供不同种植方式的蔬菜（水培、土培、沙培等），幼儿观察并记录其生长的变化。
	土豆发芽的秘密 （见S2—1）	土培 水培 空气培	土豆、器皿、土、水、泡沫、放大镜、笔、实验海报等			1. 提供实验前的集体猜想记录表，引导幼儿有目的进行观察。 2. 提供不同物质条件的土豆培养环境供幼儿观察、对比，支持鼓励幼儿大胆联想、猜测问题的答案，并设法验证。

续 表

名 称	材料准备	参与方式	支持策略
特色区			
秋叶知多少（见 T2—1）	1. 梧桐、银杏等秋天的各种叶子及其二维码压膜悬挂。 2. 植物科普类绘本读物。 3. 放大镜。 4. 记录单。 5. 贴画标记。	对比观察： 观察树叶标本，了解树叶名称、特征及从属的植株科目等相关信息。 亲子探究： 邀请家长一同扫描二维码了解更多此植物的信息。翻阅植物科普绘本了解植物信息。	1. 提供多样的树叶标本供幼儿观察认识。 2. 提供记录表，供幼儿观察记录（叶脉形态、特征等）。 3. 分享记录表，经验分享、学习，鼓励幼儿深入探究。
豆子拼贴画	1. 胶水。 2. 绿豆、红豆、黑豆、大豆等豆子若干。 3. 纸盘若干。 4. 画纸、底板若干。 5. 各种颜色的颜料若干。	材料收集： 收集各种各样的豆子，了解其名称。 手工操作： 能够用豆子制作创意拼贴画。	1. 提供数量充足的大小、形态、颜色各异的豆类及创作工具供幼儿进行创意拼贴。 2. 作品展示，供幼儿欣赏、学习。 3. 将幼儿的作品进行艺术的呈现展示，帮助他们获得满足感与成功的喜悦感。
瓶子创意拼贴	1. 玻璃瓶若干。 2. 超轻黏土若干。 3. 颜料若干。 4. 绿豆、红豆、黑豆、大豆等豆子若干，各种坚果壳若干。	手工操作： 尝试将豆子装进各种好看的玻璃瓶里做装饰；用豆子和黏土来塑造各种形象。	
帐篷小角落	1. 帐篷、云朵装饰、彩色麻球灯、抱枕、毛绒娃娃。 2. 相关科普绘本。	自主游戏： 在帐篷中自主阅读喜欢的科普绘本；记录自己的所见所感。	1. 提供帐篷、抱枕等，帮助划分私密阅读区域，供幼儿安静探索之用。 2. 提供沙雕作品欣赏，幼儿可模仿、创新建构，丰富自然角环境，与绿植形成新景观。
沙池	1. 四合一沙池，玩沙模具。 2. 椅子。	造型建构： 和同伴一起在微自然的景观中进行沙子造型的建构游戏。	
生态瓶（见 T2—2）	1. 新鲜草皮、泥土、颗粒大小不同的石子以及沙子、玩偶。 2. 喷壶。	制定计划： 定期给生态瓶浇水。 观察记录： 观察生态瓶中草皮的长势并及时记录。	提供透明玻璃瓶和欣赏图片，为幼儿操作提供参考。
童话小镇	1. 沙盘、沙子、泥土、草皮、绿植。 2. 玩偶。	表现表达： 在"童话小镇"场景中用指偶和同伴进行表演游戏。	1. 提供绘本书籍为幼儿故事表演提供素材。 2. 为幼儿表演现场进行录像供其他幼儿学习欣赏。
可爱的小动物	1. 核桃壳、松果等自然物材料。 2. 超轻黏土、毛根。	手工操作： 将自然物材料和低结构的手工材料进行粘贴结合，形成各种可爱的小动物。	提供各种亲子制作的成品展示供幼儿学习操作。

延伸拓展区	秋叶的秘密	1. 各种形态的树叶若干。 2. 颜色标记贴纸。 3. 观察记录表。 4. 放大镜。	观察记录： 观察各类叶子的外形特征，及时记录观察所见所感。 分类探究： 能够正确使用放大镜细致观察叶脉，并根据不同的特征进行分类标记。	1. 提供树叶实物若干，分别贴上不同颜色的标记帮助幼儿区分并记录。 2. 提供植物百科绘本供幼儿参考，查阅信息。
	作物大丰收	1. 各种成熟的农作物。 2. 手套、耙子、铲子、篮子等劳动工具。 3. 匾筐。	实践收获： 寻找当季校园内可收获的、适合保存的水果和农作物的果实，将其存放于自然角匾筐中。 小组探究： 认识收获的果实，能够和同伴交流所见所想；结合自然角其他材料进行自主游戏。	1. 将收获的实物进行陈列，供幼儿欣赏、观察。 2. 将幼儿收获过程照片进行展示，供幼儿交流，进行经验的分享。

大班

区域	内 容	种养殖方式	材料准备			参与方式	支持策略
			环境材料	劳动工具	探究工具		
观赏区	花卉： 菊花、百合、长寿花、红掌、蟹爪兰、杜鹃、睡莲（见 G3－1)、月季花、蝴蝶兰、海棠花、满天星、水仙、迷迭香、含羞草等	土培、水培、沙培	花盆、花架、插牌、花卉标本、花肥、提示牌	喷壶、水壶、抹布、小锄头、小铲子	放大镜、直尺、皮尺、记录表、量勺、量杯、滴管	观察：个别观察、对比观察、细致观察、连续观察等。 测量：生长高度测量、长度测量、直径测量。 照顾：值日生照顾、个别照顾、小组照顾、认养等。 记录：图画记录、数字记录、照片记录等。 表现表达：	1. 将植物按类别摆放,让幼儿发现其共同点,从而了解各类植物的特性。 2. 提供幼儿能理解的示意图,指导幼儿照顾植物的方法。 3. 提供植物观察记录表,引导幼儿自主观察、欣赏、记录、照料。
	常绿植物：观赏竹（见 G3－2)、绿萝、网纹草、万年青、白掌、袖珍椰子、富贵竹、铜钱草、吊兰等		花盆、玻璃器皿、置物架、插牌、提示牌				
	多肉植物：仙人球、红宝石、玉露、黄丽、蓝石莲、石生花等	土培、沙培	插牌、小花盆、置物架、提示牌				
种植区	花卉种植：薰衣草、月季花、向日葵、满天星、太阳花、风信子等	土培	南瓜壳、大酸奶盒子、多层架	小铲子、一次性手套、剪刀、洒水壶、小铲子、水勺、喷壶	放大镜、测量尺、观察记录表、笔	亲子语言讲述、照片呈现等。 资料收集：绘本、网络、成人经验等。 亲子种植：照料。	1. 提供种植方法步骤图,丰富幼儿的种植经验。 2. 提供植物生长记录本,帮助幼儿记录过程中的发现。 3. 自制插牌,区分植物,便于幼儿对比观察。 4. 通过搜集,了解增加土壤肥沃的方法,引导幼儿更好地照顾植物。

	蔬菜种植：玉米、南瓜、松果(见 Z3—1)、土豆、芋头、花生、芹菜、莲藕(见 Z3—2)、竹笋、萝卜、青菜等	土培、水培	木板、冰棒棍、麻绳、花盆、桌布、插牌、种子、肥料、介绍牌等		
	多肉植物：宝石花、观音莲、姬玉露等(微景观形式)	沙培	各种造型花盆、插牌、沙土		
饲养区	陆生类：兔子、仓鼠、蛐蛐、八哥、蝈蝈(见 C3—1)、鹦鹉、蚕、蚯蚓	笼中饲养、盒中饲养、土中饲养	饲养笼、饲养盒、泥土、竹笼、饲料、介绍牌	网兜、海绵刷、小刷子、小抹布、小铲子	镊子、量勺、喂食记录单笔、放大镜	1. 通过搜集、讨论饲养需要的物品，引导科学喂养。2. 投放观察记录、饲养记录本，供幼儿记录小动物进食次数、进食量，避免重复投喂。3. 引导提问，帮助幼儿更多地了解动物习性，更好地进行饲养。4. 查找资料并展示，帮助幼儿更具体地了解动物相关知识。5. 提供专用营养土，方便幼儿为动物及时更换土壤，提供舒适的饲养环境。
	水生类：金鱼蛐蛐、螺蛳、河蚌、水母、海藻(见 C3—2)	水中饲养	玻璃器皿、养殖缸、增氧棒、玻璃器皿、饲料、介绍牌		
	两栖类：乌龟、青蛙(蝌蚪)	水中饲养	玻璃器皿、饲料、介绍牌		

续　表

	名　称	材料准备	探究工具	参与方式	支持策略
实验区	白色康乃馨、玫瑰花、吸水实验 （见 S3—1）	1. 白色花卉。 2. 细管透明玻璃瓶。 3. 各色墨水。 4. 两张小方桌、小椅子。 5. 实验规则游戏牌。	放大镜、实验记录单、记录笔	1. 在不同玻璃器皿中放水再加上各种彩色墨水将水染色，将白色花卉放进水中，猜测花卉是否会变色。 2. 用图画每天记录花卉颜色的变化。	1. 提供装有不同颜色墨水的玻璃瓶，供幼儿观察白色花瓣在不同颜色的水中的变化，记录、发现并进行猜想验证。 2. 提供小组记录大表，帮助幼儿及时记录在植物生长过程中的发现。
	芹菜吸水实验	西芹若干、玻璃瓶 4 个、实验步骤图	笔、相关书籍	1. 观察芹菜放入水中的变化。 2. 将芹菜的变化用符号记录。	提供吸水实验的视频及实验记录单，帮助幼儿更好地理解芹菜吸水现象的原理。
	水变干净了实验 （见 S3—2）	装满脏水的容器、干净的空杯、毛巾、纱布、海绵若干、操作指导图	记录操作单、笔	1. 探究用毛巾、纱布、海绵等不同材料过滤物品的效果。 2. 通过探究用几层过滤材料可以将污水过滤干净。 3. 将实验的结果记录下来。	1. 提供实验操作指导图和幼儿记录单。 2. 提供不同的过滤工具，供幼儿猜想并做对比实验，探索过滤需要的条件及原理。
	芋头土培水培对比实验	芋头 3 个、土、水、实验宣传海报等	相关书籍、放大镜、笔	1. 将芋头放进不同的种植环境。 2. 观察在不同种植环境下芋头的生长变化，并在图表上进行记录。	1. 提供实验前的集体猜想记录表，供幼儿实验记录。 2. 与幼儿一起将芋头分别种进土中或水中，供幼儿观察比对，用记录本进行记录。

	名　称	材料准备	参与方式	支持策略
特色区	树枝创意	1. 各种长度、维度的干树枝若干。 2. 冷色系颜料若干种。 3. 范例图及步骤图。 4. 各种小刷、画笔。	1. 集体收集各种干树枝。 2. 家长共同参与，并将过程进行拍照记录。 3. 幼儿小组合作或两两合作进行创作拼搭。	1. 提供多样的范例供幼儿欣赏。 2. 提供作品展示区，供幼儿相互交流与学习。 3. 经验分享，拓展思路，鼓励幼儿大胆创造。
	会动的草 （见 T3－2）	1. 四种会动的草。 2. 营养液。 3. 剪刀、洒水壶、抹布等。	1. 观察四种草，探究会动的原因。 2. 尝试照顾这四种草。	1. 提供观察记录表，引导幼儿记录自己的发现，探索四种草的相同与不同。 2. 提供各种劳动工具及营养液，掌握照顾草类植物的方法。
	干果壳创意画	1. 好看的玻璃瓶若干。 2. 各种各种坚果壳若干。 3. 各种形状硬纸板。 4. 胶水。	1. 利用干果壳进行亲子制作，将制作过程拍照进行记录。 2. 区域游戏时间进行干果壳创意拼搭，黏贴。	1. 提供相关成品悬挂供幼儿欣赏、学习。 2. 布置展台将幼儿的作品进行艺术的呈现展示，帮助幼儿获得满足感与自豪感。
	竹子的世界 （见 T3－1）	竹编昆虫、各种竹制品	1. 欣赏竹编昆虫。 2. 欣赏各种竹制品。 3. 感受竹子的多种用途。 4. 提供各种竹子，尝试彩绘、创意造型。	1. 邀请幼儿共同搜集竹编昆虫，观察竹编昆虫。 2. 家园共同搜集各种竹制品，感受竹子的多种用途。 3. 在欣赏的基础上，鼓励幼儿利用竹制品进行创意表达。 4. 搜集有关竹制艺术品的图片，供幼儿欣赏。
延伸拓展区	我想种竹子	1. 各种竹子制成的篮子、箩筐等日常用品。 2. 竹制的劳动工具。 3. 竹制品玩具快板等。 4. 竹子制成食物系列。	1. 集体参与，共同讨论竹子可以制作的用品。 2. 完成调查问卷表。 3. 亲子收集资料图片。 4. 尝试利用竹子进行创意制作。	1. 通过谈话激发幼儿种竹子的愿望。 2. 提供植物百科绘本供幼儿参考，查阅信息。 3. 提供竹子生长示意图，帮助幼儿更细致地了解竹子的生长过程。
	狗尾草的秘密	各种狗尾草、各种狗尾草编织小物品、展台、桌布、各种透明小花瓶	1. 小组参与，利用狗尾草进行艺术创作。 2. 师生、亲子共同探讨。 3. 利用图画方式记录探寻到的秘密。 4. 小组分享自己的发现。	1. 提供调查问卷表，帮助幼儿获得更多关于狗尾巴草的前期经验。 2. 提供各种狗尾巴草，家长与幼儿共同想象与创作，体验亲子互动的欢乐。 3. 提供有关书籍、ipad 等电子设备，方便幼儿及时查找相关信息。

自然角各区域具体内容

观 赏 区

创设意图：

小班的孩子对外界的一切都充满好奇。自然界美丽的花花草草能吸引他们的兴趣,为孩子提供美的享受,激发他们对自然的热爱。为此,我们在观赏区摆放了不同种类的植物,供孩子们欣赏观察。

内容：

菊花、长寿花、月季花、发财树、蟹爪兰、吊兰、多肉等。

材料准备：

(1) 植物：绿萝、吊兰、富贵竹、球兰、幸福树等绿植。

(2) 工具：喷水壶、剪刀、铲子、记录板。

参与方式：

养护：

(1) 换水；

(2) 给植物修剪枯黄的叶子；

(3) 帮助植物添加营养液；

(4) 给植物晒太阳。

观察、记录：观察水培植物的生长变化并做简单的记录。

照片：

设计者：孙健、何清容、沈瑜

幼儿阶段性探究过程：

第一阶段

描述：

观赏区有幼儿喜爱的色彩鲜艳、形态各异的花朵。幼儿利用自由活动时间自主观赏；教师利用餐前餐后等时间，向幼儿介绍各种花朵的名称，引导幼儿细致地观察花朵外形、颜色等特征。

照片：

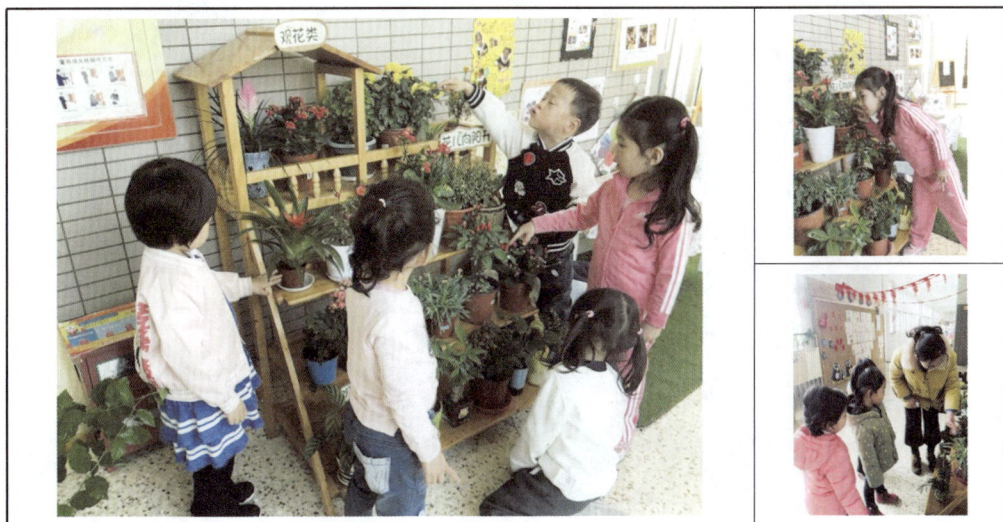

呈现内容：

观察与发现	学习与操作	关键经验
1. 观察植物花的颜色、形状、花瓣数量,知道其名称。 2. 通过观察,发现普通的花朵有花梗、花托、花萼、花冠、雄蕊群和雌蕊群六个组成部分。	1. 认真观察花朵,关注其颜色、外形特征。 2. 尝试用语言表述自己的发现及感受。	1. 认识常见植物,能说出它们的名称,发现周围植物的多样性,对感兴趣的事物能仔细地观察,发现其明显特征。 2. 观察常见植物以及其他物体,尝试用语言、动作等描述其在颜色、形状、形态等方面的美。

第二阶段

描述：

通过讨论、欣赏图片等方式了解养护植物的方法,用插牌的形式记录每天照顾植物的情况,如：观察、晒太阳、浇水等,并进行相应的记录。

照片：

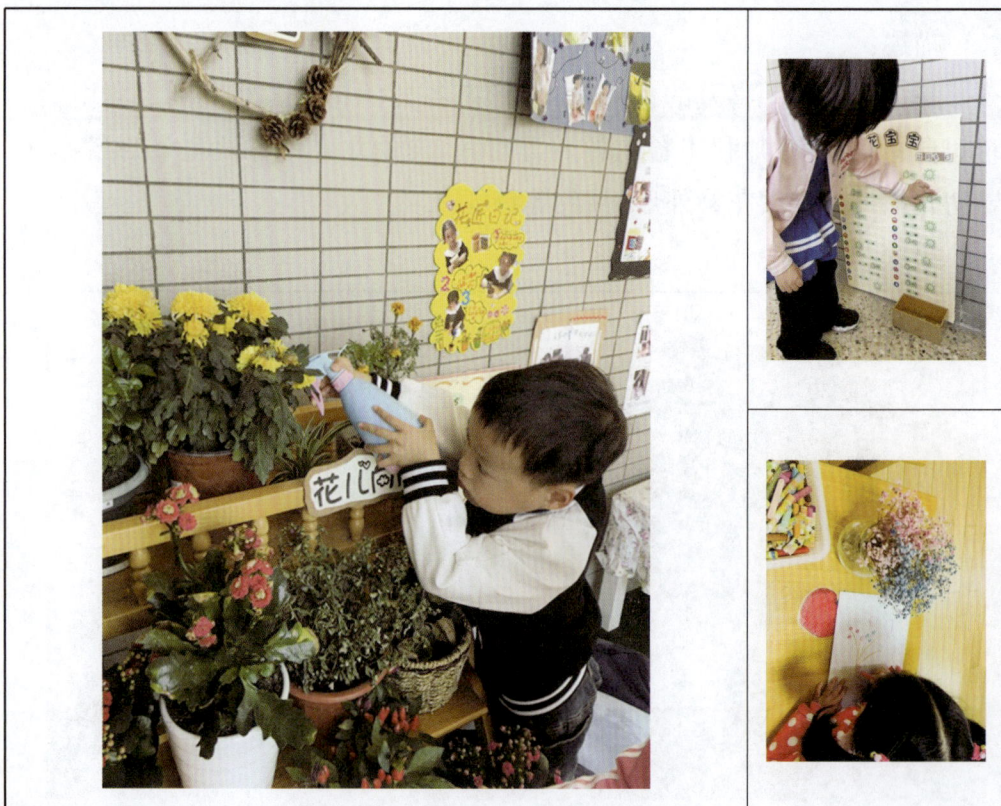

呈现内容：

观察与发现	学习与操作	关键经验
1. 通过观察学习,知道植物的存活需要适当的水分和阳光。 2. 通过观察发现不同种类花朵花瓣数目不同,有四瓣、五瓣、六瓣、多瓣等。	1. 定期为花浇水。 2. 用插牌记录照顾植物的过程。 3. 观察并记录花朵的外形特征。	1. 了解植物生长必备的条件。 2. 能够用符号进行记录,帮助植物苗壮成长。 3. 愿意主动照顾植物,按时浇水松土。

中班　G2—1

创设意图：

春兰秋菊,秋天是菊花盛开的季节。菊花是中国十大名花的第三名,花中四君子之一。根据自然角的色彩主题,我们开展了菊花展,搜集了不同品种的菊花,供幼儿欣赏、观察及养护。

内容：

金光菊、口红菊、绿芯菊等不同品种的菊花。

材料准备：

（1）植物：金光菊、口红菊、绿芯菊等多品种菊花。

（2）工具：喷水壶、记录本、笔。

参与方式：

养护：

（1）浇水;

（2）晒太阳。

观察、记录：观察了解不同种类菊花的特征。（颜色、花瓣的形状、花心、叶子、根茎等）

照片：

设计者：温芯、苗慧、陈熙

幼儿阶段性探究过程：

第一阶段

描述：

秋天到了,五彩的花竞相开放。家长带孩子参观菊花展,孩子们对秋天的菊花产生了浓厚的兴趣。孩子回来后,和同伴交流见到菊花的感受。大家七嘴八舌地谈论,最终一致决定在班级开展菊花展。菊花的名称不同,菊花花瓣的形状不同,花朵的大小不同,菊花的颜色不同,有的还是渐变色。菊花的日照情况及每周浇水次数、花期也不同。

照片：

呈现内容：

观察与发现	学习与操作	关键经验
观察不同种类菊花的外形特征，探究了解菊花的生长习性。	看看、闻闻、摸摸菊花，近距离地接触菊花，感知菊花的特征。	1. 喜欢接触新的事物，经常问一些与新事物有关的问题。 2. 常常动手动脑探索物体和材料，并乐在其中。

第二阶段

描述：

在欣赏菊花的同时，幼儿观察菊花的形态，花朵的形状、颜色，花瓣的形状，叶子的形状、颜色等。并用绘画、手工等形式记录菊花盛开的样子。

照片：

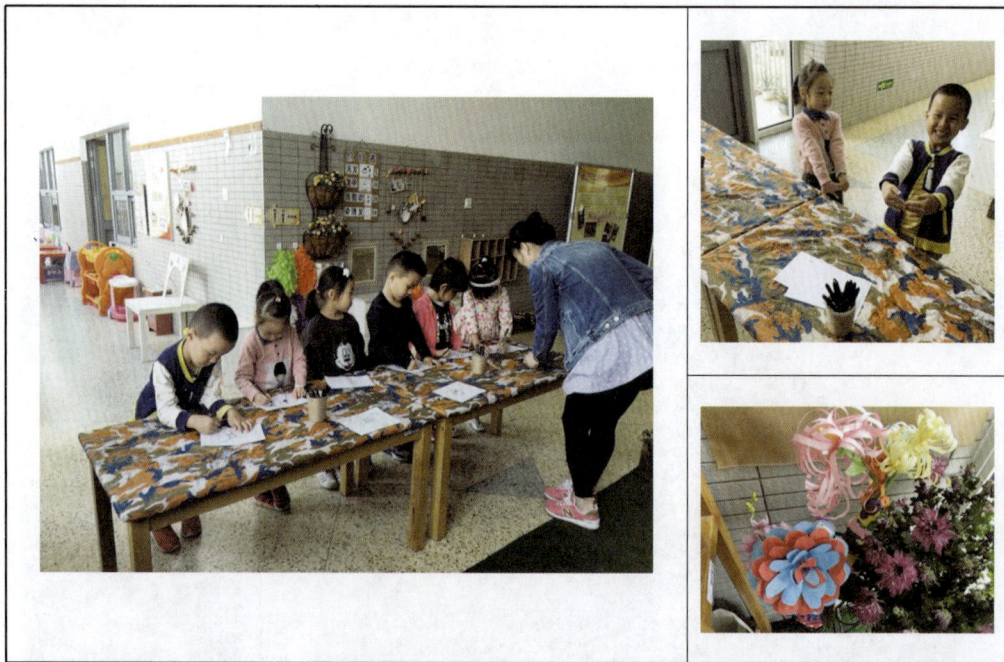

呈现内容：

观察与发现	学习与操作	关键经验
1. 观察菊花的外形，尝试用绘画的形式表现菊花的美。 2. 探索与菊花互动的多种方式。	1. 在观察菊花的过程中发现菊花花朵的形状、颜色及叶子的异同。 2. 在观察照顾菊花的同时，产生对菊花的喜爱之情，有保护菊花的欲望。 3. 用勾线笔、油画棒、彩铅等工具记录菊花的形态，加深对菊花的认识。	1. 对事物或现象进行观察比较，发现其相同与不同。 2. 能用图画或其他符号进行记录。

中班　G2—1

创设意图：

本学期的观赏区是是亲子的各种水培植物。水培植物养护简单，干净卫生，只需清水或营养液就能健康生长。在这样的经验下，幼儿对水培植物很感兴趣，将在家移栽的水培植物带入幼儿园自然角中，进一步持续观察。

内容：

绿萝、富贵竹、幸福树、常春藤、球兰、合果芋、吊兰、龟背竹、罗汉松、仙人掌、发财树。

材料准备：

（1）植物：绿萝、吊兰、富贵竹、球兰、幸福树等绿植。

（2）工具：喷水壶、剪刀、记录本。

参与方式：

养护：（1）换水；（2）修剪枯叶；（3）帮助植物添加营养液。

观察、记录：观察水培植物并做相应的记录。

照片：

设计者：孙岑、徐宋、赵琳

幼儿阶段性探究过程：

第一阶段

描述：

水培植物养护简单、干净卫生，只需清水或营养液就能健康生长。水培植物一般选择具有气生根的枝条直接插进水中，没多久就会长出白色的水生根来,孩子们和家长一起移栽、种植水培植物。

照片:

呈现内容:

观察与发现	学习与操作	关键经验
1. 探究了解为什么有些植物生长在水里?有些植物可以生长在泥土里? 2. 通过探究了解白色的根须是什么?	亲子移栽水培植物	1. 喜欢水培植物,对移栽水培植物有兴趣,能对水培植物提出问题。 2. 能够和家长探索水培植物的移栽办法,并乐在其中。

第二阶段

描述:

在观察的基础上,孩子们用剪刀修剪植物枯黄的叶子,为植物添加营养液。对水培植物新生的水生根感兴趣,并用纸笔记录下来。

照片:

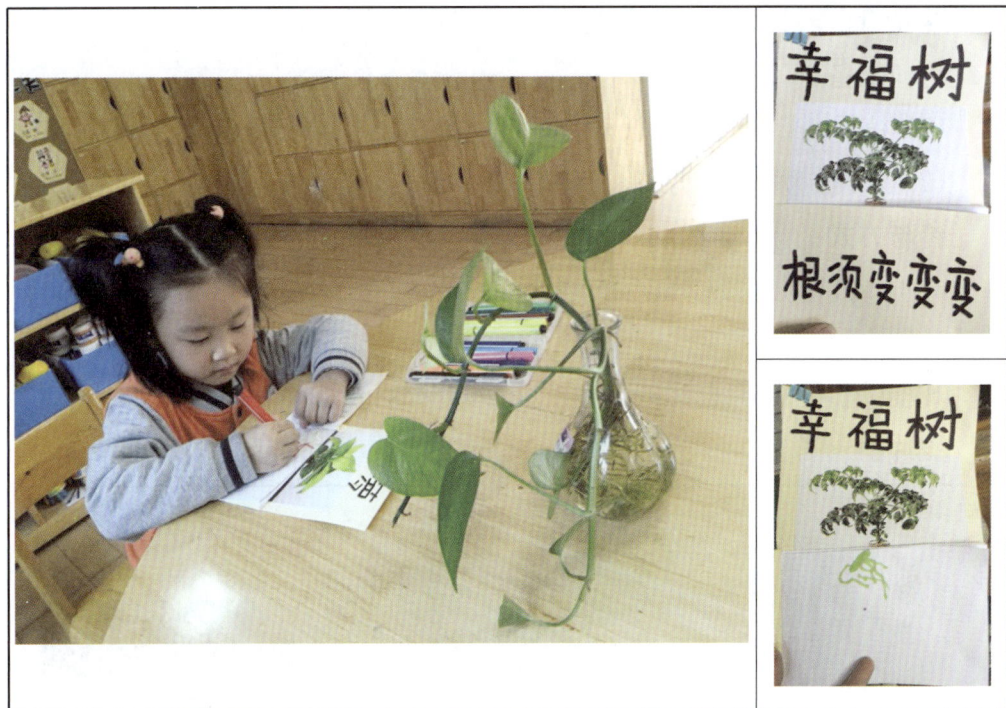

呈现内容:

观察与发现	学习与操作	关键经验
1. 观察探究水生根生长速度差异及叶子变黄原因。 2. 在家长的帮助下查阅书籍、借助网络获得问题的答案。	1. 定期修剪枯叶;适宜增加营养液。 2. 观察水生根,并用图画形式记录。	1. 发现水培植物生长前后的不同。 2. 根据观察结果提出问题,并大胆猜测答案。 3. 能用图画对水培植物进行记录。 4. 观察季节变化对水培植物生长的影响。

大班 G3—1

创设意图:

一天早上果果小朋友说:"老师,我家的百合开花了,家里好香啊!"美美在一旁则说:"为什么我家的红掌开花了却不香呢?""是呀,缤纷的花卉是不是都有香味呢?"孩子们产生了疑问。因此我们和孩子们一起把观赏区的花卉分为"芳香"和"无香"两类,在自然角共同创设了花海的世界。

内容：

菊花、百合、长寿花、红掌、蟹爪兰、杜鹃、睡莲等。

材料准备：

（1）植物：菊花、百合、长寿花、红掌、蟹爪兰、杜鹃、睡莲等。

（2）工具：喷水壶、剪刀、记录本、放大镜。

参与方式：

养护：（1）浇水；（2）给植物修剪枯黄的叶子；（3）帮助睡莲添加营养液。

观察、记录：（1）观察睡莲生长并做相应的记录；（2）花卉写生画。

照片：

设计者：汤新花、滕璐璐、李雯璐

幼儿阶段性探究过程：

第一阶段

描述：

观赏区的植物真好看,孩子们在游戏时间去欣赏、观察。有的拿着画本进行写生,有的用鼻子闻一闻,把有香味的和无香味的花卉进行了分类摆放。

照片：

呈现内容：

观察与发现	学习与操作	关键经验
1. 探究"为什么有的花香有的花不香?" 2. 探究"睡莲为什么迟迟不开花?"	1. 制定计划,定期照顾植物。 2. 通过多感官对花卉进行分类。 3. 进行花卉写生画。	1. 察觉植物的外形特征、习性与生存环境的适应关系。 2. 知道睡莲在炎热的气候才有可能发芽开花。 3. 利用多感官给植物分类,努力尝试寻求答案。

大班 G3—2

创设意图：

由于班级自然角是以"竹子"为主题的中国特色。因此，在观赏区幼儿主要是观察各种以"竹"命名的植物。我们选择的是较为矮小、宜盆栽的名为"竹"的植物，采用水培、土培两种方式。

内容：

各种关于"竹"的植物，如：米竹、紫竹、文竹、大叶竹、转运竹、龙竹、水竹、凤尾竹、观音竹、佛肚竹。

材料准备：

(1) 植物：各种叫做"竹"的植物，如：米竹、转运竹、凤尾竹、观音竹等。

(2) 工具：中国风花盆、透明玻璃花瓶、花架、铲子、喷水壶、剪刀、记录本。

参与方式：

养护：师幼一起通过资料收集，认识一些名为"竹"的植物，如：凤尾竹、观音竹、大叶竹、水竹、佛肚竹、转运竹等。了解它们的生长习性，学习照顾它们的方法，例如：浇水、施肥、修剪。

观察、记录：观察竹子的生长变化并做相应的记录。

照片：

设计者：朱丽萍、张倩、魏婷

幼儿阶段性探究过程：

第一阶段

描述：

孩子们发现学校环境中有许多竹子装饰，于是提议在自然角也种上竹子。在自然角种植竹子的想法得到了大家的赞同。但是孩子们提出疑问："竹林里的竹子太大了、太高了，自然角没办法种啊！"有的孩子说，竹子可以种，她家里就种了"文竹"。有的孩子则提出质疑，说文竹不是竹子。但是大家非常期待种竹子，于是决定种植一些矮小的名字里有"竹"的植物。并积极和家长通过书籍、网络查找各种叫"竹"的植物，通过收集后带到了幼儿园。大家对这些"竹子"充满了兴趣，常常拿起放大镜去观察。

照片：

呈现内容：

观察与发现	学习与操作	关键经验
观察探究"为什么有些竹子喜欢水少一点，有些喜欢水多一点?"	1. 将带来的竹子按照水培和土培两种方式进行移栽。 2. 使用放大镜进行细致的观察。	1. 通过资料收集，认识一些名为"竹"的植物，如：凤尾竹、观音竹、大叶竹、水竹、佛肚竹、转运竹等。 2. 利用放大镜细致观察"竹子"茎叶的特征。 3. 通过比较观察，知道不同"竹子"茎叶的异同。

第二阶段

描述：

幼儿在对各种"竹子"的持续观察中发现，有的"竹子"叶子变黄、枯萎、掉落，为此大家很伤心，于是大家展开了讨论。有人提出："应该是没有浇水，'竹子'太渴了就死了，可值日生每天都会去浇水啊，但花盆里的土的确是干干的。"有人说，"我带的'竹子'不喜欢水，不能多浇水，水浇多了会死的。"在激烈的讨论中，孩子们逐渐明白不同的"竹子"有自己的特性，有的喜欢喝水，有的喜欢干一些，所以要有针对性地进行养护。

照片：

呈现内容：

观察与发现	学习与操作	关键经验
1. 通过观察发现一些现象：有的"竹子"叶子黄了，枯萎了，掉落了。 2. 通过家长的帮助，查阅书籍、借助网络得到问题的答案。	1. 搜集资料，进一步了解不同竹子的特性，制定相应的照顾方法。 2. 制作植物简介牌，对不同的"竹子"有针对性地进行养护。 3. 制作浇水插牌，细化值日生任务，如浇水、剪枯叶等。	1. 搜集资料，了解不同"竹子"的特性，有针对性地进行照料，给它们浇适量的水。 2. 制作不同"竹子"植物爱心牌。 3. 制作浇水插牌，给浇过水的"竹子"做记号，不能重复浇水。

第三阶段

描述：

有的"竹子"是种在土里的，有的"竹子"是用水培植的。过了一段时间，孩子们惊喜地发现有些水里的"竹子"已经长出了根，这又引发了他们对根的探索。

照片：

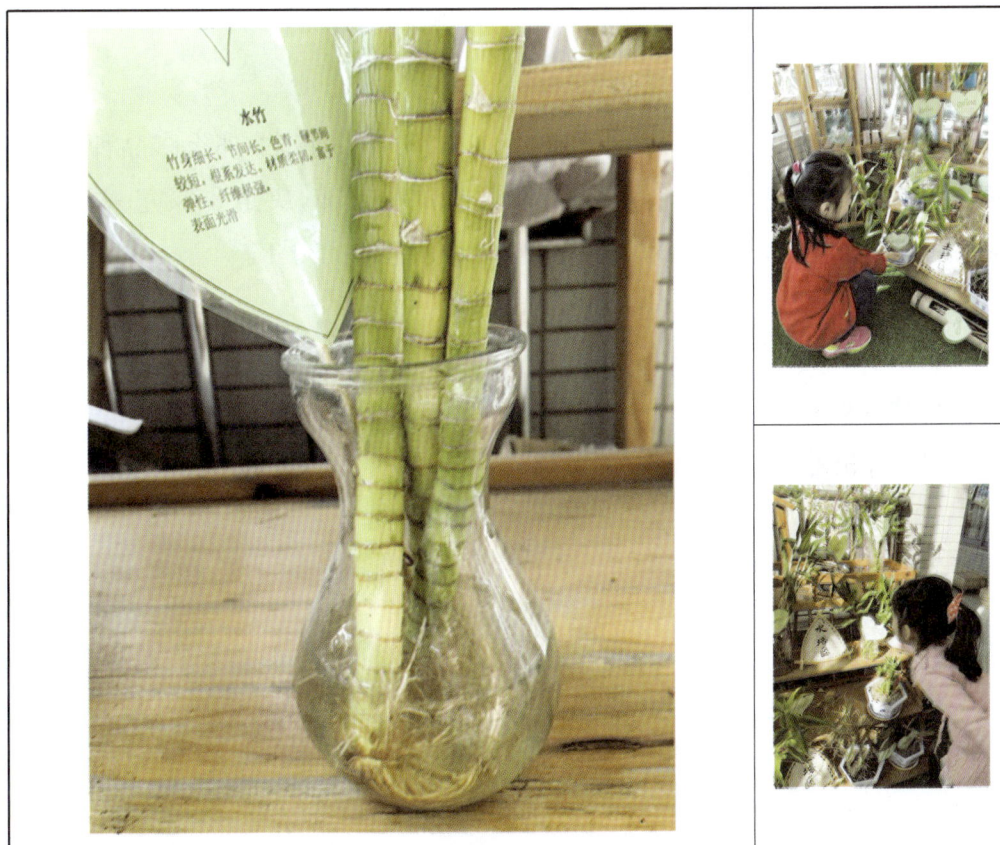

呈现内容：

观察与发现	学习与操作	关键经验
1. 在观察养护的过程中,对每一种"竹子"更加了解,并将它们按种植方式分为了水培和土培两种。 2. 观察"竹子"的根。	在观察养护的过程中,对每一种"竹子"更加了解,将它们按种植方式分为了水培和土培两种。	1. 将不同"竹子"分类摆放,分为水培和土培两种。 2. 能够运用多感官进行探索。 3. 愿意与同伴进行合作探究。

种 植 区

小班 Z1—1

创设意图：

小白兔喜欢吃萝卜,但萝卜有白萝卜、红萝卜、胡萝卜那么多品种,小白兔最喜欢吃哪种呢? 孩子们对这个话题非常感兴趣,决定要探究一下。大家想种很多很多的萝卜出来,这样小兔子才能吃饱肚子!

内容：

红萝卜、白萝卜、胡萝卜若干。

材料准备：

(1) 种植盆；

(2) 各种萝卜；

(3) 适宜种植的土。

参与方式：

养护：(1) 浇水；(2) 晒太阳。

观察：观察萝卜叶子的变化。

照片：

设计者：王颖、赵德珍、祁爽

幼儿阶段性探究过程：

第一阶段

描述：

兔子喜欢吃哪种萝卜？红萝卜、白萝卜还是胡萝卜？孩子们在书上还发现小兔子也喜欢吃水果、蔬菜。大家通过投票的方式决定自己要种什么喂养兔子！

照片：

呈现内容：

观察与发现	学习与操作	关键经验
1. 阅读有关小兔子生活习性的绘本，了解小兔子爱吃萝卜，并确定种植萝卜。 2. 观察班级自然角环境，了解种植萝卜所需要的环境要求，了解小组种植的方式，并进行小组种植。	1. 讨论小兔子喜欢吃哪些食物，并通过阅读绘本了解相关知识。 2. 利用投票形式决定种植内容。 3. 分组按萝卜种类进行种植。	1. 迁移相关绘本中的经验，结合实际生活经验认识各种各样的萝卜。 2. 大胆猜测小兔子最喜欢吃的萝卜种类，并能在喂食活动中得到验证。 3. 乐意参与种植活动，对植物的生长充满期待。

第二阶段

描述：

经过一段时间的观察，白萝卜、红萝卜的叶子都长大了，而胡萝卜却干死了。与此同时，种在水里的萝卜下面长出了白白的胡须，这是什么呢？

照片：

呈现内容：

观察与发现	学习与操作	关键经验
1. 通过观察,发现虽然每天都会给萝卜浇水,但胡萝卜却逐渐干瘪了的现象。 2. 讨论如何正确地为萝卜浇水,确定浇水时间与浇水量。 3. 发现萝卜长"白胡子",且发出恶臭味,知道萝卜腐烂了,需要更换萝卜重新种植。	1. 讨论照顾萝卜的方法,知道要定时给萝卜浇水、换水,及时观察萝卜的生长。 2. 发现胡萝卜"死掉后",知道要及时更换新的萝卜进行种植。	1. 利用土培与水培两种方式种植,帮助幼儿感知和发现土里和水里的萝卜生长的变化。 2. 能大胆将自己发现的变化与同伴、教师分享,并提出疑问。

中班　Z2—1

创设意图：

"秋天的种植区种什么呢?"我们向孩子们提出了问题。有的孩子提出："上学期《春天的小种子》主题活动中,我们收集了很多水果的种子,可以种吗？但是天气慢慢变冷了,小种子生长需要温度,我们该怎么办呢?"

内容：

种植种子

材料准备：

（1）水果种子；

（2）小花盆；

（3）泥土；

（4）塑料瓶。

参与方式：

养护：

（1）浇水；

（2）晒太阳；

（3）松土。

观察：观察种子是如何生长的。

照片：

设计者：童兰蝶、陈玉卿、张寅韬

幼儿阶段性探究过程：

第一阶段

描述：

教师带着孩子一起种下小种子，给种子浇水。

照片：

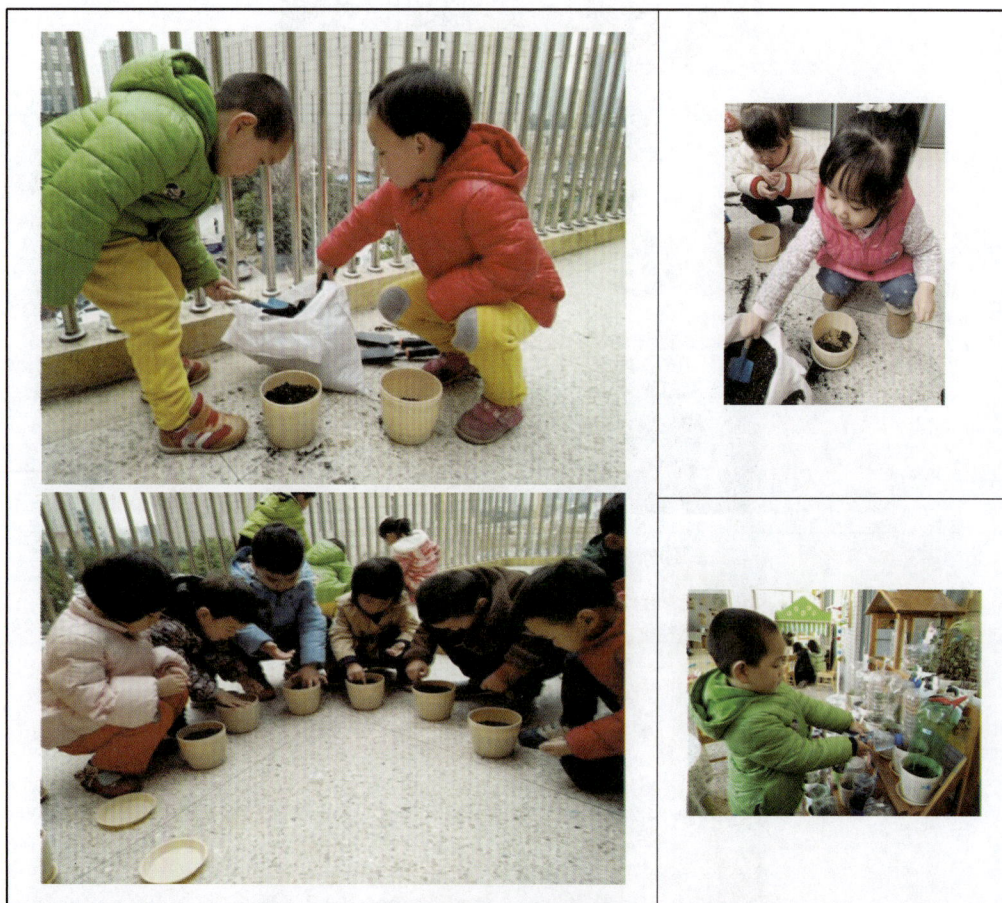

呈现内容：

观察与发现	学习与操作	关键经验
1. 观察手边工具，选择种植需要的工具、材料。 2. 讨论并确定种植的水果种类及形式，了解分组种植的方法。	1. 讨论并学习正确的种植方法，积极参与种植活动。 2. 能利用工具和材料进行水果种植，发现其生长变化。	1. 积极参与种植活动，并产生浓厚的兴趣。 2. 能够对种子生长提出相关的问题，并在照顾的过程中寻找出答案。 3. 能够动手动脑进行种植并乐在其中，发现植物生长过程中的变化。

第二阶段

描述:

孩子们给种子浇水、松土、晒太阳,还罩上温房,给小种子一个温暖湿润的环境。

照片:

呈现内容:

观察与发现	学习与操作	关键经验
观察并记录种子生长过程中的变化,发现小小的种子可以长出小芽芽。	1. 照顾、管理种子; 2. 观察并记录种子的生长过程。	1. 通过种植活动,感知和发现种子的生长变化及其基本条件。 2. 能够根据观察结果提出问题,大胆猜测答案并在种植过程中得到验证。 3. 能够感知和发现种子的变化,并向他人讲述变化过程。

中班 Z2—2

创设意图：

孩子们共同商量分组种植不同的蔬菜,观察蔬菜的成长过程,了解成长所需要的条件。并对此进行逐步研究。

内容：

(1) 青菜;(2) 芹菜;(3) 生菜。

材料准备：

(1) 木板;

(2) 冰棒棍;

(3) 大棚;

(4) 叶子、麻绳、玩偶装饰;

(5) 青菜、芹菜、生菜种子。

参与方式：

(1) 准备土壤、松土、施肥、播种;

(2) 浇水、晒太阳;

(3) 观察比较记录发现。

照片：

设计者：温芯、苗慧、陈熙

幼儿阶段性探究过程：

第一阶段

描述：

幼儿分六组种植三种不同的蔬菜。其中两组种同一种蔬菜。

照片：

呈现内容：

观察与发现	学习与操作	关键经验
1. 观察蔬菜,感知蔬菜长大的奥秘。感受、见证蔬菜成长的乐趣,喜欢吃自己亲手种植的蔬菜。 2. 在不同的土壤中种植蔬菜种子,发现土壤的不同、种子的不同,蔬菜成长速度不同。	1. 参与种植蔬菜的过程,了解种植蔬菜所需要的基本条件。 2. 感受大棚与常温两种环境下相同蔬菜的成长速度不同。	1. 全程参与种植活动,感知动植物生长的基本条件。 2. 能够对事物或现象进行观察比较,发现其相同与不同,并向同伴大胆讲述其发现。

第二阶段

描述：

孩子进行观察、测量、记录、发现。

照片：

呈现内容：

观察与发现	学习与操作	关键经验
1. 观察每组蔬菜长出来的形状、高度。发现蔬菜成长的秘密，向同伴大胆讲述自己的发现。 2. 感知大棚种植与常温种植的区别。发现大棚种植的蔬菜与常温蔬菜成长的速度不同。	1. 值日生按时给种子浇适量的水，观察、发现种子的生长变化。 2. 用测量工具测量蔬菜的高度，记录测量结果，画出蔬菜外形。	1. 通过对比观察，发现大棚种植与常温种植的区别：大棚种植的蔬菜比常温的蔬菜长得又快又多。 2. 发现大棚里还长出了蔬菜以外的植物，如：不知名的小草，蘑菇等。感知大棚种植的神奇。

大班 Z3—1

创设意图：

种植观察活动中，孩子们在小农场发现收获完的玉米地上有片绿油油的小芽芽，原来是掉落的玉米棒槌发芽啦！"那我们把玉米整颗种到土里也会发芽吗？除了玉米可以发芽，南瓜和松果也可以种出芽芽吗？"孩子们问。

内容：

玉米、小南瓜、松果。

材料准备：

（1）玉米、小南瓜、松果实物；（2）种植架；（3）泥土；（4）酸奶盒；（5）小托盘。

参与方式：

养护：（1）种植；（2）浇灌；（3）松土；（4）修剪；（5）晒太阳。

观察、记录：将种子发芽的过程记录下来。

照片：

设计者：滕璐璐、李雯璐、汤新花

幼儿阶段性探究过程：

第一阶段

描述：

根据孩子们的兴趣和猜想，我们选择生活中常见的玉米、南瓜和松果进行土培种植，用观察记录表记录它们的变化。

照片：

呈现内容：

观察与发现	学习与操作	关键经验
1. 观察发现植物生长需要适宜环境。 2. 仔细观察南瓜，发现瓤里籽的外貌特征。 3. 讨论种植方式。 4. 观察手边工具，能选用合适的工具进行播种种植。	1. 查阅相关资料并讨论，确定南瓜、玉米和松果的种子是什么，了解正确的种植方法。 2. 选择工具和材料进行玉米、南瓜和松果的种植，在照顾的过程中记录其生长过程。	1. 对种植活动产生浓厚的兴趣，并能积极地探索发现。 2. 尝试用查阅资料、使用工具、对比观察等适宜的方法探究和解决问题。

第二阶段

描述:

玉米最先长出了叶子,不仅黄玉米能发芽,黑紫色颗粒的玉米(俗称印第安玉米)也发芽了。接着,南瓜籽也长出椭圆形的小叶子。可是,由于每天浇水,作为种植器皿的南瓜皮有些烂了。与此同时,松果却迟迟没有发芽,什么样的松果种子才能发芽呢?

照片:

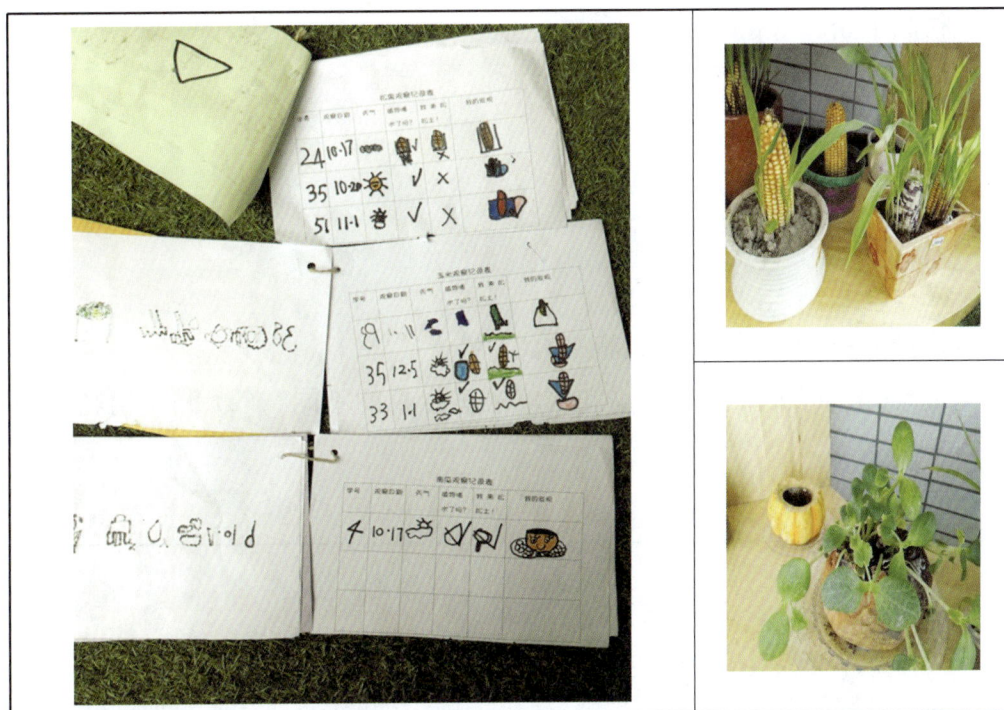

呈现内容:

观察与发现	学习与操作	关键经验
1. 观察玉米种植过程,发现有的玉米没发芽,探讨其原因,并寻找解决的方法。 2. 观察、发现南瓜外皮烂了,探讨如何使南瓜外皮保持新鲜不腐烂? 3. 发现种植的松果都没有发芽,进一步探究它的种子到底是什么。	1. 给植物浇水、松土、晒太阳,并观察植物的生长过程。 2. 用绘画、符号等方式记录玉米和南瓜生长变化。 3. 更换没发芽的玉米的种植方向与位置,为南瓜松土保持外皮新鲜,正确种植松果的种子,更换土壤。	1. 通过讨论与亲自动手种植,了解种植的过程与植株生长所需要的基本条件。 2. 感受种子生长的神奇,发现种子生长过程中的变化,体验种植劳动带来的乐趣。 3. 通过观察,能掌握不同植物在季节里的变化,鼓励自主种植管理。

大班 Z3—2

创设意图：

秋天收获了许多果实,那这些果实可以再被种植,然后开花结果吗？带着这样的疑问,我们开始了种植之旅。

内容：

土豆、芋头、花生、莲藕

材料准备：

(1) 蔬菜果实种子；

(2) 种植盆；

(3) 泥土；

(4) 喷壶。

参与方式：

养护：(1) 晒太阳、浇水、施肥；(2) 松土。

观察、记录：(1) 对比土培和水培芋头生长的不同。(2) 测量植物生长的高度。

照片：

设计者：余艾力、胡俊、李沁雨

幼儿阶段性探究过程：

第一阶段

描述：

幼儿和同伴讨论交流喜欢吃的蔬菜，以幼儿的兴趣入手。通过观察土豆、花生等，确定种植的品种、所需的材料、人员的分工以及种植要注意的事项。

照片：

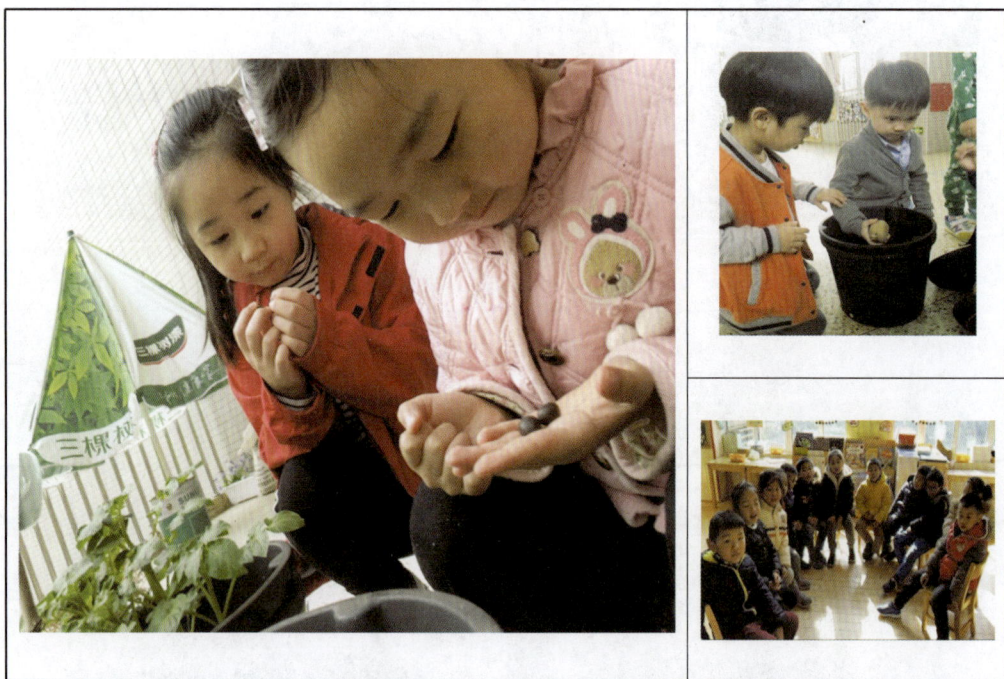

呈现内容：

观察与发现	学习与操作	关键经验
1. 观察蔬菜及种子的图片，商讨具体种植内容及种植方法。 2. 观察已有工具，讨论并发现种植需要的工具及材料。	1. 讨论种植注意事项，共同归纳出种植的正确方式。 2. 讨论并确定人员分工，合作种植。	1. 能察觉到蔬菜的习性与生存环境的关系，调整养护的方法。 2. 能合作探索并发现种植物所需要的生存条件或影响因素。 3. 初步了解人们的生活与自然环境的密切关系，知道种植蔬菜的不易，能主动体验种植的过程，并懂得保护环境的重要性。

第二阶段

描述：

在种植环节中,孩子们积极向有种植经验的家长请教,还在种子说明书上了解了种植的方法。先在种植盆中倒上营养土,然后撒上种子,再倒一点营养土把它们覆盖住,最后浇水,整理材料。之后,幼儿去观察、记录它们的生长,并动手操作管理,亲眼见证蔬菜的成长过程。

照片：

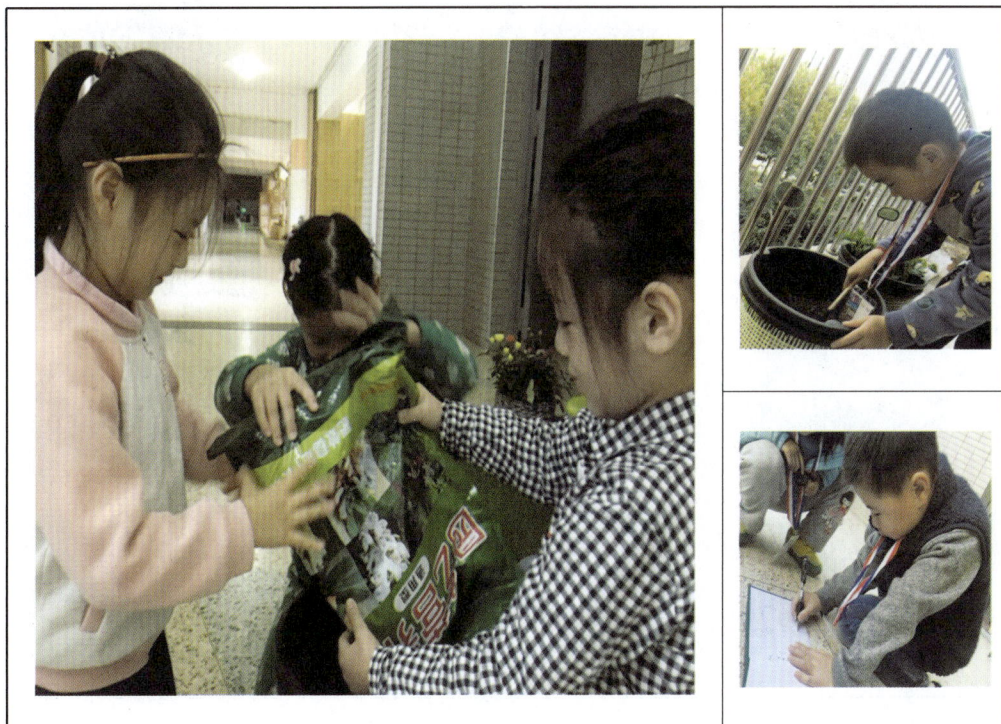

呈现内容：

观察与发现	学习与操作	关键经验
1.观察种子生长,发现有的种子发芽、有的种子不发芽的现象,提出疑问并讨论原因。 2.观察种子的生长,发现种子生长速度不同,引发探讨浇水量多少的问题。	1.定期定人为种子浇水,观察种子生长的过程,并用符号、图画做简单记录。 2.制作简单标尺,记录种子的生长变化。 3.制作浇水量示意图,控制种子浇水量,以免浇水过多或过少。	1.对自己感兴趣的事情刨根问底,并大胆进行猜想、验证。 2.通过对比观察,能用绘画、符号等方式记录观察结果。 3.能发现种植中许多问题可以用合作、讨论等方式来解决,体验解决问题的乐趣。

第三阶段

描述：

有一天,孩子们观察的时候发现花盆里长出了茂盛的"果实"。"快看,它长出了一颗颗小小的'果实'啦"幼儿惊叹道。原来啊,在孩子们的悉心照顾下,这些蔬菜终于发芽了,孩子们很开心,很兴奋。

照片：

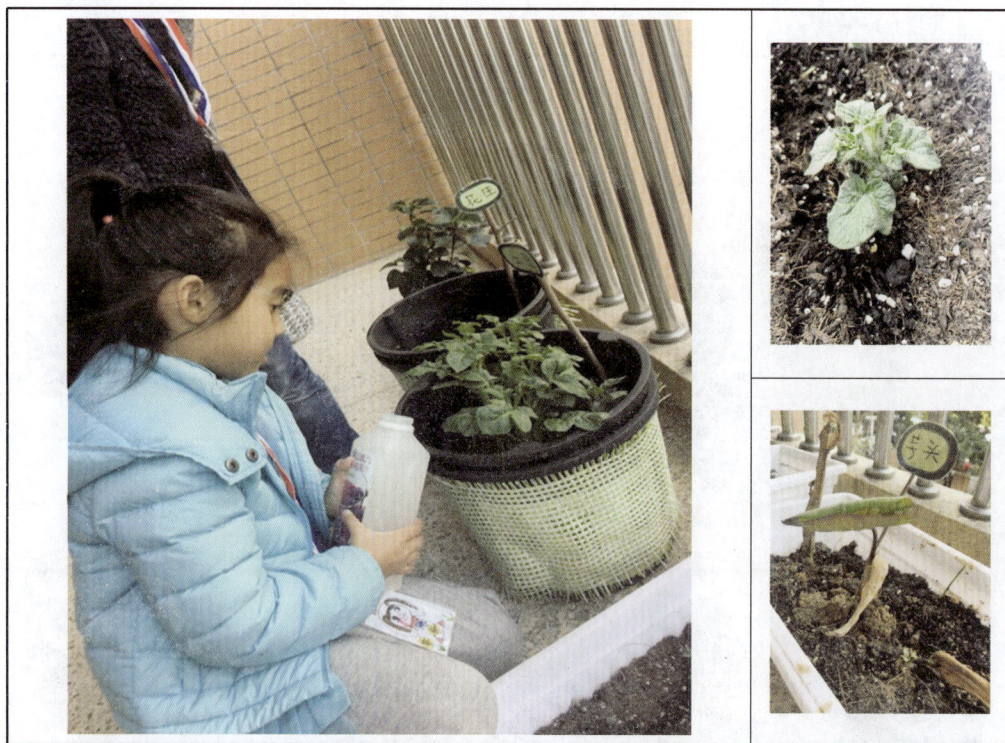

呈现内容：

观察与发现	学习与操作	关键经验
1. 观察蔬菜,发现山芋和莲藕虽然都是需水量比较大的植物,但它们的叶子是不一样的,探讨原因。 2. 发现山芋和莲藕的叶子下面有一条长长的根须,探讨其蓄水作用。 3. 发现叶子干瘪卷曲,代表果实成熟可以摘取。	1. 细致观察发芽小苗的外形特征,并用笔和本子记录下来。 2. 探索更多有益的方法,会自发从家里带来淘米水、鸡蛋壳,浇在土里,丰富土壤养分,有利于蔬菜成长。同时在观察、交流中又有新的收获和困惑,发现蔬菜根须的蓄水功能。	1. 仔细观察,在探索中能有所发现,并感到兴奋和满足。 2. 愿意和别人分享、交流,讲述自己的发现。

饲 养 区

小班　C1—1

创设意图：

开学初，老师和孩子们进行了讨论，发现小金鱼是幼儿最喜欢的小动物之一。我们摒弃了常规的冷冰冰的金鱼缸，营造了一个自然、生态的环境。自然角是孩子们接触自然的一个窗口，而我们老师能做的就是尽量还原自然，让孩子们更直观地接近自然。在这个自然、生态的环境中，有花有树，有水草、睡莲，小鱼在里面自由地游来游去，我们的小值日生每天会给小鱼喂食。

材料准备：

（1）陶缸；（2）睡莲、水草；（3）金鱼；（4）鱼食。

参与方式：

养护：及时给小金鱼换水、喂食。

观察、记录：进行观察，了解金鱼的外形特征和生活习性。

照片：

设计者：钱玉娴、刘燕、王婕

幼儿阶段性探究过程：

第一阶段

描述：

孩子们带来了小金鱼，和老师一起给小金鱼布置了一个温馨的小家。

照片：

呈现内容：

观察与发现	学习与操作	关键经验
在布置时发现小鱼生活的地方没有遮挡，幼儿开动脑筋，从家里带来塑料睡莲、水草等生物给小鱼遮阴。	和老师、小朋友共同布置饲养金鱼的区域。	1. 喜欢承担一些小任务。 2. 喜爱小金鱼等小动物。 3. 能够利用周围的材料进行活动。

第二阶段

描述：

幼儿对小鱼进行定期照顾,给小鱼换水,同时对小鱼的外形特征和生活习性进行观察。

照片：

呈现内容：

观察与发现	学习与操作	关键经验
1.探究小鱼的眼睛为什么总是睁着。 2.猜测小鱼游泳的时候摆动的部位是什么? 3.通过细致的观察发现疑问,请家长帮忙查找资料。	1.每天定时给金鱼喂食。 2.给金鱼的"家"打扫卫生。 3.观察金鱼的外形特征和生活习性。	1.能够主动照顾小动物。 2.能够对动物进行简单观察,并提出自己的想法或疑问。

中班　C2—1

创设意图：

小农场里有两只兔子，每次去小农场活动，孩子们都对它们充满了好奇与喜爱。小兔子在做什么？它们会喝水吗？它们最喜欢吃的是什么呢？……一个个问题接踵而至。班级自然角的饲养区要饲养小动物，小朋友们提出想养一只兔子，于是有个小朋友从家里带来了垂耳兔，还有人带来了仓鼠、小乌龟等小动物。

内容：

（1）垂耳兔；（2）仓鼠；（3）小乌龟。

材料准备：

垂耳兔一只（笼子）、仓鼠两只（笼子）、小乌龟若干个（鱼缸），胡萝卜、青菜、包菜、苹果等蔬菜水果，兔粮，干草。仓鼠食物若干，乌龟食物若干，小虾米若干。木屑、柠檬味仓鼠厕所砂若干。

参与方式：

养护：（1）给兔子、仓鼠、乌龟喂食；（2）清理兔子便便；（3）带兔子散步。

观察：观察兔子、仓鼠进食并完成记录板。

照片：

设计者：温芯、苗慧、陈熙

幼儿阶段性探究过程：

第一阶段

描述：

饲养区里，小朋友从家里带来了可爱的垂耳兔、小仓鼠和小乌龟等。小动物们来到自然角后，针对孩子们的兴趣点，我们在饲养区做了一些照顾观察动物的展板，让孩子们在日常照顾、观察这些小动物的同时自主进行探索、发现问题、解决问题。

照片：

呈现内容：

观察与发现	学习与操作	关键经验
1. 讨论在幼儿园如何照顾小兔子。 2. 思考兔子爱吃的食物。 3. 探究兔子的生活习性。	1. 提出问题：兔子爱吃什么？幼儿进行探究； 2. 观察兔子的特征并进行记录； 3. 持续观察兔子的生活习性，学习并尝试照顾兔子。	1. 认识了解垂耳兔、小仓鼠、乌龟的外形特征。 2. 大胆地提出自己的想法，提出自己最想了解、探索的问题。 3. 验证自己的猜想。

第二阶段

描述：

孩子们利用晨间活动、午饭后等自由活动时间，轮流去照顾自然角的动物们，给它们喂食，观察记录他们的发现。

照片：

呈现内容：

观察与发现	学习与操作	关键经验
1. 发现兔子除了吃萝卜、青菜外还会吃苹果。 2. 发现兔子有时候也会喝水，尤其是在吃干草的时候。 3. 发现天气冷了，小动物们都喜欢躲在角落，缩在一起取暖。	1. 给兔子、仓鼠、乌龟喂食。 2. 清理兔子便便。 3. 带兔子散步。	1. 观察讨论并记录下自己的发现。 2. 喜欢自然角里的小动物们，感受小动物的可爱，愿意去照顾它们。

中班　C2—2

创设意图：

班级有一位孩子的奶奶家里有一个小菜园,有一次她将在小菜园里捉到的小蜗牛带到班上供孩子们观察,孩子们一下子就被这个小生物吸引了,提出了各种各样的问题。于是,我们和孩子们商量后打算在自然角饲养、观察、研究蜗牛。

内容：

(1) 菜园蜗牛;(2) 白玉蜗牛。

材料准备：

(1) 架子;(2) 蜗牛盒;(3) 蔬菜;(4) 饲料;(5) 喷壶;(6) 钙粉;(7) 镊子;(8) 刷子。

参与方式：

(1) 给蜗牛喂食;(2) 清理蜗牛便便;(3) 给蜗牛洗澡;(4) 清理蜗牛的"家"。

照片：

设计者：孙岑、徐宋、赵琳

幼儿阶段性探究过程：

第一阶段

描述：

班级有位小朋友将在奶奶家的小菜园里捉到的小蜗牛带到班上供孩子们观察,孩子们一下子就被这个小生物吸引了,提出了各种各样的问题以及猜想。

照片：

呈现内容：

观察与发现	学习与操作	关键经验
1. 观察了解蜗牛的饮食习惯。 2. 探究蜗牛靠什么行走。 3. 探究蜗牛的"便便"为什么有不同的颜色。 4. 探究蜗牛能活多久。	1. 做出假设一：蜗牛不能吃胡萝卜,因为它没有牙齿。 2. 做出假设二：蜗牛的"便便"可能是长条形的,可能是圆形的;蜗牛的"便便"是黑色的。	1. 喜欢蜗牛,对蜗牛感兴趣。 2. 能用语言描述蜗牛的外形特征。 3. 对蜗牛提出问题,并做出合理猜想。

第二阶段

描述：

孩子们在日常照顾蜗牛的过程中对第一阶段提出来的问题得到了一些答案。

照片：

呈现内容：

观察与发现	学习与操作	关键经验
1. 发现蜗牛喜欢吃各种各样的蔬菜。 2. 发现蜗牛靠吸盘上的黏液行走。 3. 通过查找资料得知蜗牛有 25600 颗牙齿，正常照顾得好的话大概能活 2—3 年。 4. 发现蜗牛吃什么样的食物就会拉出相同颜色的"便便"。	1. 给蜗牛喂食。 2. 清理蜗牛"便便"。 3. 给蜗牛洗澡。 4. 清理蜗牛的"家"。	1. 知道蜗牛的生活习性以及外形特征。 2. 会用各种工具（刷子、镊子、喷壶等）照顾蜗牛。 3. 学习观察的基本方法，培养观察与分类的能力。

大班　C3—1

创设意图：

孩子们给自然角带来了蛐蛐和蝈蝈两种小昆虫，它们既相似也有不同。为了便于观察，我们把两种昆虫的家安在透明盒子里，孩子们对它们充满了兴趣和疑问。首先，孩子们提出问题，针对大家提出的问题，我们开展了"采访小昆虫"的活动；接着，我们通过对比观察，发现它们外形特征、声音、食物、叫声的不同。

通过一系列的探究，我们深入认识了这两种昆虫。在照顾小昆虫的过程中，孩子们与蛐蛐和蝈蝈建立了深厚的感情。

内容：

蛐蛐、蝈蝈。

材料准备：

（1）蛐蛐、蝈蝈；（2）展示架；（3）透明饲养盒；（4）放大镜；（5）镊子；（6）竹编饲养盒；（7）食物（米饭、毛豆、胡萝卜）；（8）观察记录本。

参与方式：

养护：（1）喂食；（2）清理便便；（3）清理昆虫盒。

观察、记录：将观察到的发现记录下来。

照片：

设计者：滕璐璐、李雯璐、汤新花

幼儿阶段性探究过程：

第一阶段

描述：

自然角增添新成员啦,每天这里都会发出一阵阵清脆的虫叫声,孩子们围在一起用放大镜观察饲养区里的小昆虫。

照片：

呈现内容：

观察与发现	学习与操作	关键经验
1. 观察到昆虫的"腿上有绒毛",肚子很大,腿很长的外形特征。 2. 了解到蛐蛐为黑褐色,它的个头比较小,一般为 20 毫米左右;蝈蝈是绿色,个头比较大,一般为 35—50 毫米左右。	1. 使用放大镜观察蛐蛐和蝈蝈的外形特征。 2. 通过绘本阅读和书籍分享了解两种昆虫的异同。	1. 善于观察,发现昆虫的外部特征。 2. 探究不同颜色、不同大小的昆虫之间的不同。 3. 探究如何区分蛐蛐和蝈蝈。

第二阶段

描述:

蛐蛐和蝈蝈在阳光下叫得更欢快了,它是怎么发出声音的呢?分别放在阳光下和阴暗处试试看有什么不同。

照片:

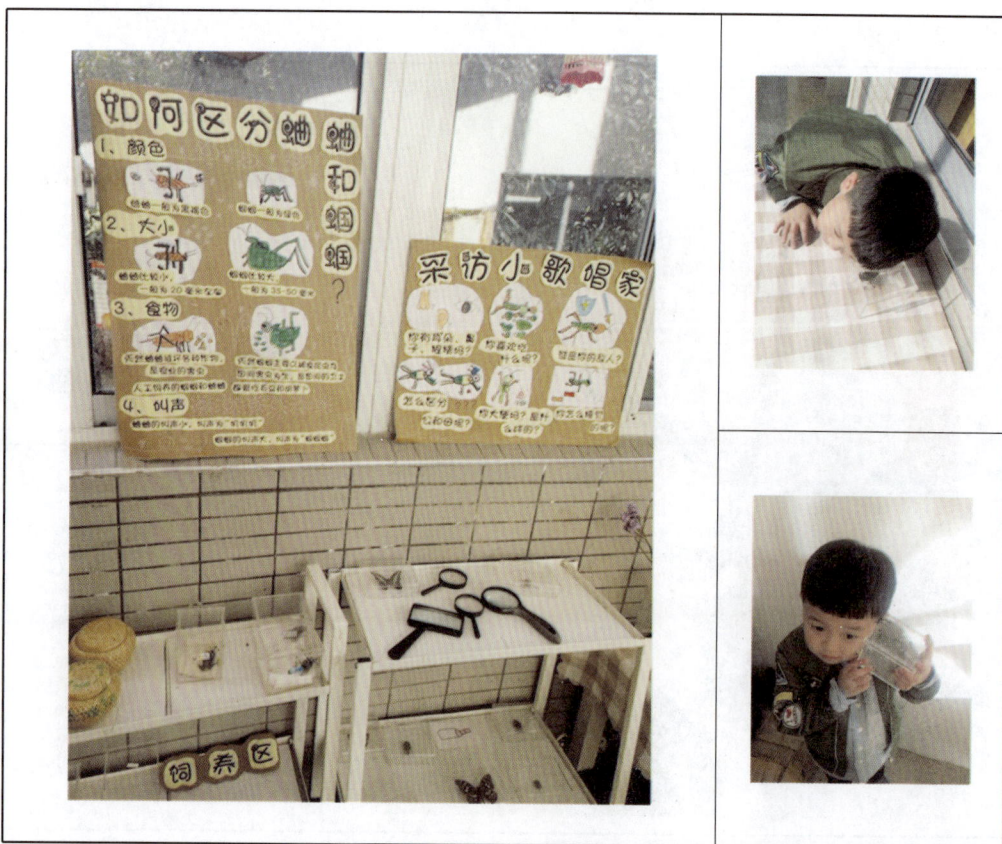

呈现内容:

观察与发现	学习与操作	关键经验
1. 使用放大镜观察发现它们靠翅膀扇动发出声音。 2. 用对比实验的方法验证自己的猜想:蛐蛐和蝈蝈更喜欢有阳光的地方,因为在阳光下它们叫的声音更大。	1. 使用放大镜进一步观察蛐蛐和蝈蝈的特征。 2. 用实验的方法验证自己的猜想:蛐蛐和蝈蝈的叫声大小与光线强弱有关。	1. 发现到动植物的外形特征、习性与生存环境的适应关系。 2. 探究蛐蛐和蝈蝈的生活习性,是喜欢阳光还是阴暗处。

第三阶段

描述：

有一天，一只蝈蝈跑出了笼子。老师在抓它的过程中，手指不小心被蝈蝈咬了一口。孩子们都围过来关心老师："被蝈蝈咬了需要打针吗？"

照片：

呈现内容：

观察与发现	学习与操作	关键经验
1. 为了探究被蝈蝈咬伤了需不需要去医院打针，大家查找资料得知蝈蝈是食草类昆虫，一般没有毒性，被咬后只需用碘伏消毒即可。 2. 在探究为什么蝈蝈会跑出来的过程中，大家发现蝈蝈的力气较大，能从盒中挣脱。	1. 阅读绘本，亲子查阅相关书籍了解蝈蝈的生活习性。 2. 了解民间游戏"斗蛐蛐"的故事。 3. 在家长的帮助下用皮筋将盒子与盖子捆扎在一起，防止盖子掉落昆虫跑出来。	1. 通过观察、比较与分析，发现并描述蝈蝈和蛐蛐的特征。 2. 经常动手、动脑寻找问题的答案。

第四阶段

描述：

有一只蝈蝈一动不动地躺在透明容器里，它是在休息吗？不论孩子们怎么摇晃它就是不动，原来这只蝈蝈死掉了。封干的蝈蝈可以做成标本。

照片：

呈现内容：

观察与发现	学习与操作	关键经验
1. 观察死去的蝈蝈有什么变化，发现它的身体变得僵硬，四肢弯曲。 2. 思考蝈蝈死去的原因与它吃的食物是否有关，死掉的昆虫怎么办？	1. 通过阅读绘本以及查阅相关书籍，了解蝈蝈的生活习性，知道它们爱吃新鲜的胡萝卜和毛豆，不能喝水。 2. 尝试将死掉的昆虫制作成标本。	1. 通过观察和查阅资料验证自己的猜测。 2. 觉察到昆虫的外形特征、习性与生存环境的适应关系。

大班　C3—2

创设意图：

开学初,班级一名幼儿把家里养的蟋蟀带到了幼儿园里,孩子们对这个"小家伙"产生了浓厚的兴趣,一同开启了探究蟋蟀之旅。蟋蟀是秋天的歌者。同时我们班打造的自然角也是"竹韵"中国风,"斗蟋蟀"在我国也有悠远的历史,与我班自然角主题相符合。我们还饲养了蝈蝈和小金鱼。希望孩子们能通过对比观察,发现蟋蟀和蝈蝈的不同之处。

内容：

(1)蟋蟀;(2)蝈蝈;(3)金鱼。

材料准备：

(1)架子;(2)笼子;(3)盒子;(4)饲料;(5)放大镜;(6)鱼缸;(7)竹子流水;(8)水草。

参与方式：

养护：给小虫子们喂食。

观察、记录：(1)提出问题并通过多感官探究;(2)记录自己的发现。

照片：

设计者：朱丽萍、张倩、魏婷

幼儿阶段性探究过程：

第一阶段

描述：

自从自然角里住进了蟋蟀、蝈蝈和小金鱼,孩子们一有时间就想去看一看、听一听。孩子们仔细地用放大镜观察,认真地倾听一声声虫鸣,看着小鱼游来游去。孩子们被饲养区的这些小生灵迷住了,还提出了各种各样的问题以及猜想。

照片：

呈现内容：

观察与发现	学习与操作	关键经验
1. 了解蛐蛐和蝈蝈吃什么,要怎么喂养。 2. 观察蟋蟀和蝈蝈的外形特征,比较它们的不同。 3. 思考水为什么流下来了。	1. 了解了蛐蛐和蝈蝈的食性,学习照顾它们,制作喂食插牌。 2. 将蟋蟀和蝈蝈的外形通过绘画记录下来。 3. 探索水的流动,发现水是从上往下流的。	1. 提出问题并通过多感官探究。 2. 能大胆讲述自己的发现。 3. 能根据观察中的现象提出问题,并做出合理猜想。

第二阶段

描述：

孩子们通过网络、书籍查询资料，细致观察，发现了蟋蟀和蝈蝈的许多秘密，知道它们是怎么"唱歌"的，还看到它们也会"拉粑粑"等等。同时，还发现了蟋蟀和蝈蝈有许多不同之处，包括外形特征、食物、叫声等。

照片：

呈现内容：

观察与发现	学习与操作	关键经验
1. 发现蛐蛐为黑褐色，个头较小，一般为20毫米左右；蟋蟀是绿色，个头较大，一般为35—50毫米左右。 2. 通过观察知道它们靠翅膀扇动发出声音。 3. 发现蝈蝈和蟋蟀拉粑粑。	1. 给昆虫喂食。 2. 为昆虫清理便便。 3. 将自己的发现用绘画的方式记录。	1. 细致了解蟋蟀和蝈蝈，知道它们的异同。 2. 细致观察和长期观察的能力得到发展。

第三阶段

描述：

一天，有个孩子发现一个竹编笼子里的蝈蝈不见了，经过仔细观察，发现原来是蝈蝈咬断了一根细竹条跑出去了。"它的牙齿好厉害啊！"孩子们不由得发出了感叹。它为什么要逃跑？围绕这个问题，大家又展开了讨论和调查。最后大家认为竹编的笼子不结实，而且天气在变冷，决定要给蟋蟀和蝈蝈搬家。

照片：

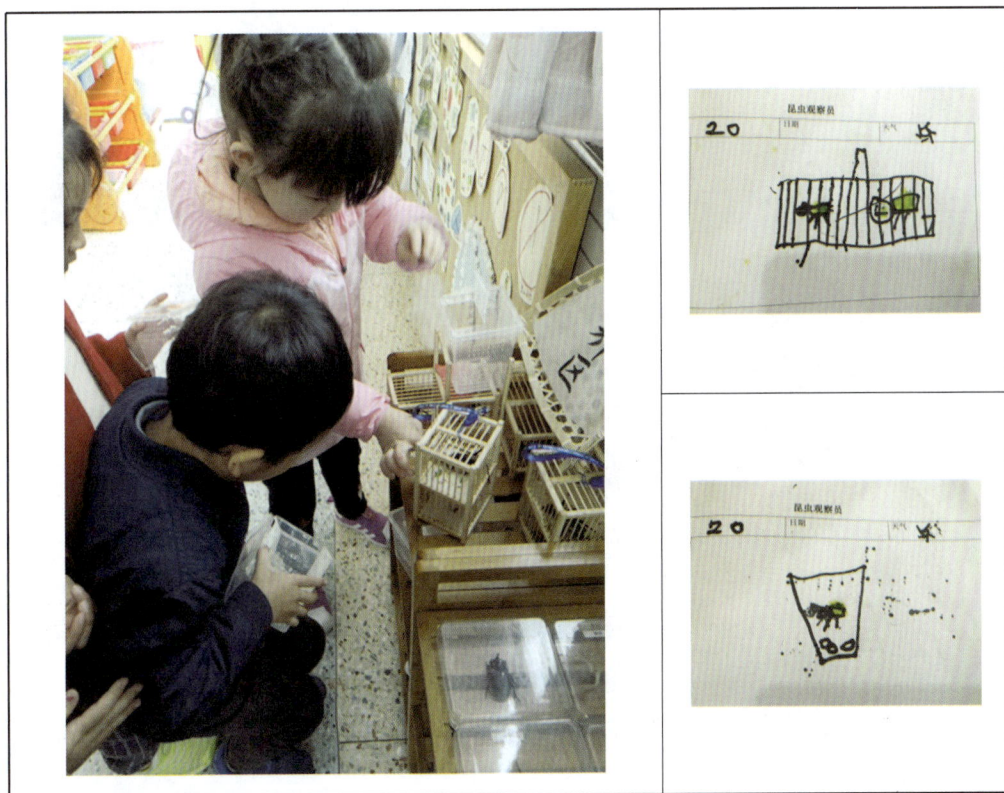

呈现内容：

观察与发现	学习与操作	关键经验
1.思考蝈蝈为什么要逃跑，猜测是蝈蝈力气大，或笼子中太冷了。 2.探究怎么给蝈蝈搬家。	1.通过绘画记录自己的发现。 2.学习给蝈蝈搬家。	1.通过查找资料、细致观察和讨论分析，发现问题的答案。 2.能用数字、图画、图表或其他符号记录。 3.在操作中探究如何给蝈蝈搬家。

第四阶段

描述：

一天，正在上打击乐课，有小朋友拿着竹制的打击乐器一边敲一边说"老师，这个声音像不像蝈蝈的叫声？"他的说法立刻得到了其他人的响应，于是大家想要和蟋蟀和蝈蝈一起举办一场音乐会，就叫"竹林音乐会"吧！

照片：

呈现内容：

观察与发现	学习与操作	关键经验
1. 通过倾听辨别蟋蟀的叫声与蝈蝈的叫声不同之处。 2. 思考还有哪些虫子会唱歌。 3. 发现有的虫子死掉了，思考它们死去的原因。	1. 在倾听、比较与分析中发现蟋蟀和蝈蝈叫声的区别。 2. 记录比较的结果。 3. 进行打击乐演奏。 4. 通过查阅资料了解虫子的生命周期。	1. 用图画、符号等记录表示蟋蟀和蝈蝈的叫声。 2. 乐于模仿自然界有特点的声音并产生相应的联想。 3. 通过查阅资料了解虫子的生命周期，验证自己的猜想。

实 验 区

中班　S2—1

创设意图：

在"秋日精灵"的主题学习中，孩子们收获了芋头、土豆、石榴、菊花脑等农作物，几天后孩子们发现土豆长出了小芽芽，于是纷纷产生了好奇。讨论中，孩子们对土豆产生了许许多多的问题。于是我们一起进行了主题"土豆的秘密"实验研究。

内容：

(1) 空气土豆；(2) 水培土豆；(3) 土培土豆。

材料准备：

(1) 器皿；(2) 土豆；(3) 泥土；(4) 水；(5) 记录本。

参与方式：

养护：根据生长状态调整位置（晒太阳、接雨水、喜阴等）。

观察、记录：观察在不同环境中土豆生长的变化并记录下来。

照片：

设计者：张莹芮、王亚楠

幼儿阶段性探究过程：

第一阶段

描述：

第一阶段孩子们发现了问题，教师带领孩子一起讨论猜想。

幼儿1："你们快看，我们的土豆有个小芽芽！"

幼儿2："为什么会有小芽芽啊？"

幼儿1："是长出来的吧？"

幼儿3："是因为被挖出来了吧？"

幼儿2："在土里就不会发芽吗？"

幼儿3："是不是太干了要浇点儿水？"

幼儿1："浇水就烂掉了。"

幼儿2："放在水里会发芽吗？"

幼儿1："我也不知道。"

幼儿3："或许我们可以试一试。"

照片：

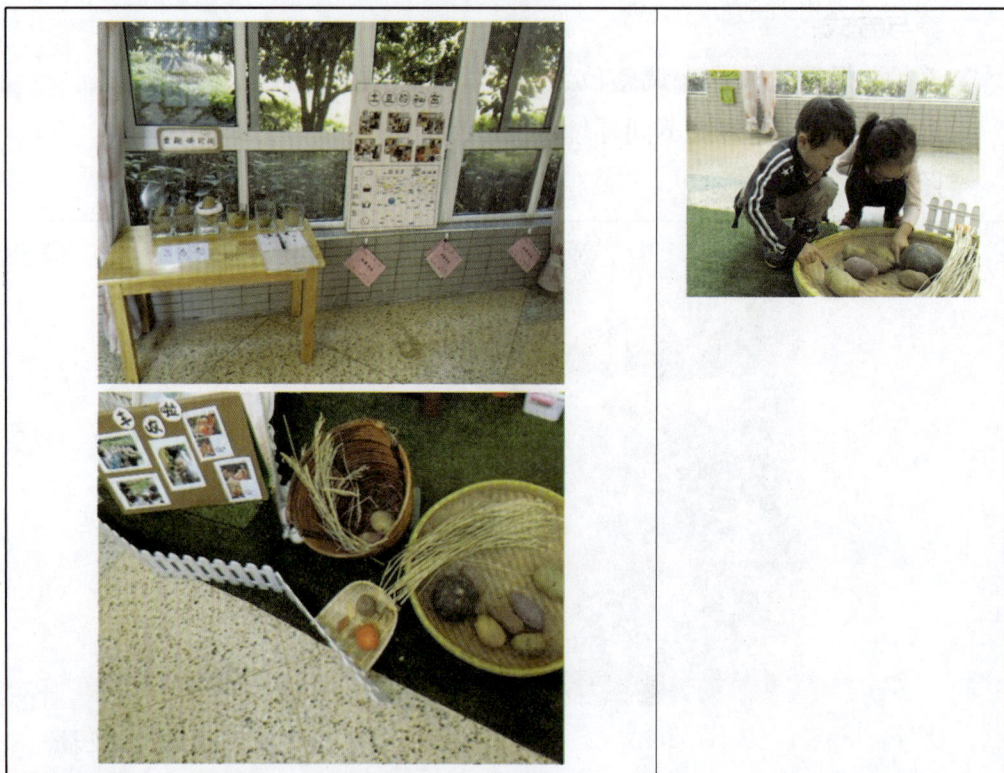

呈现内容：

观察与发现	学习与操作	关键经验
1. 观察了解土豆的外形特征，知道土豆可食用部分是块茎。 2. 观察不同生长环境的土豆。	1. 观察土豆，画一画不同造型的土豆。 2. 创设土豆水培和土培的生长环境。	1. 多感官观察土豆，比较不同的土豆。 2. 知道土豆可收获的部位是块状茎。 3. 感知土豆的形体结构特征，能画一画土豆的造型。

第二阶段

描述：

讨论：土豆怎样会发芽？

教师：刚刚有位小朋友问了我一个问题：土豆在哪里会发芽？让我们一起来猜想一下好吗？

幼儿（齐说）：好。

幼儿1：我们刚刚问了老师，土豆在水里会不会发芽，在泥土里会不会发芽。

幼儿2：我觉得在土里能发芽，因为好多种子种在土里都会发芽。

幼儿3：可是有很多水里的植物也能发芽。

教师：那就请你记录下你的猜想吧！

照片：

猜想记录

呈现内容：

观察与发现	学习与操作	关键经验
1. 观察土豆在不同生长环境中的变化。 2. 经常询问、猜想与土豆相关的问题。	1. 自己创制土豆水培和土培的装置。 2. 提出猜想并记录下猜想内容。	会使用表格记录自己的猜想。

第三阶段

描述：

记录了猜想，我们开始观察啦！第一次使用《观察记录》还很生疏，听了老师的讲解后幼儿能够自己取放、填写观察记录。

水里的土豆会发芽吗？土里的土豆会发芽吗？空气中的土豆呢？

照片：

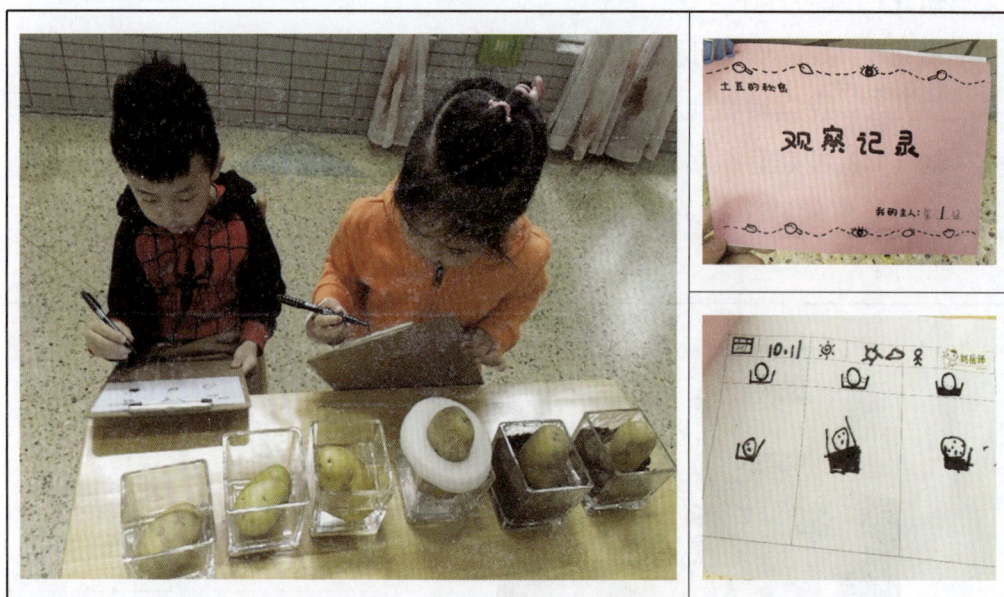

呈现内容：

观察与发现	学习与操作	关键经验
1. 观察土豆的生长变化。 2. 观察不同生长环境中的土豆生长情况，并做好记录。	1. 利用绘画的方式记录自己的发现。 2. 定期给土豆换水、加水，照顾土豆。	1. 能感知和发现土豆的生长变化。 2. 能用图画进行记录。

中班　S2—2

创设意图：

形态各异的红薯宝宝，生动有趣，吸引着孩子们走进自然角去观察、探究。在种植活动前期，我们向孩子提出了问题："我们种什么呢？"多种形态的红薯宝宝激发了幼儿的种植愿望。红薯怎么种？在讨论的过程中，孩子们的奇思妙想，产生了浓厚的兴趣："红薯的根在哪里？""它需要什么才能发芽？""到了冬天，它会不会死掉？""早上看的红薯怎么有白色的毛毛？"等等，这么多的疑惑我们都一一记录下来，让孩子们在之后的种植活动中寻找答案。

内容：

(1) 水培红薯；(2) 观察记录红薯的生长情况；(3) 装饰红薯；(4) 测量红薯。

材料准备：

(1) 新鲜红薯；(2) 自制种植瓶；(3) 自制观察记录表；(4) 观察工具；(5) 装饰材料。

参与方式：

养护：(1) 为红薯添水、换水；(2) 装饰红薯的瓶子。

观察、记录：观察记录红薯的生长情况。

照片：

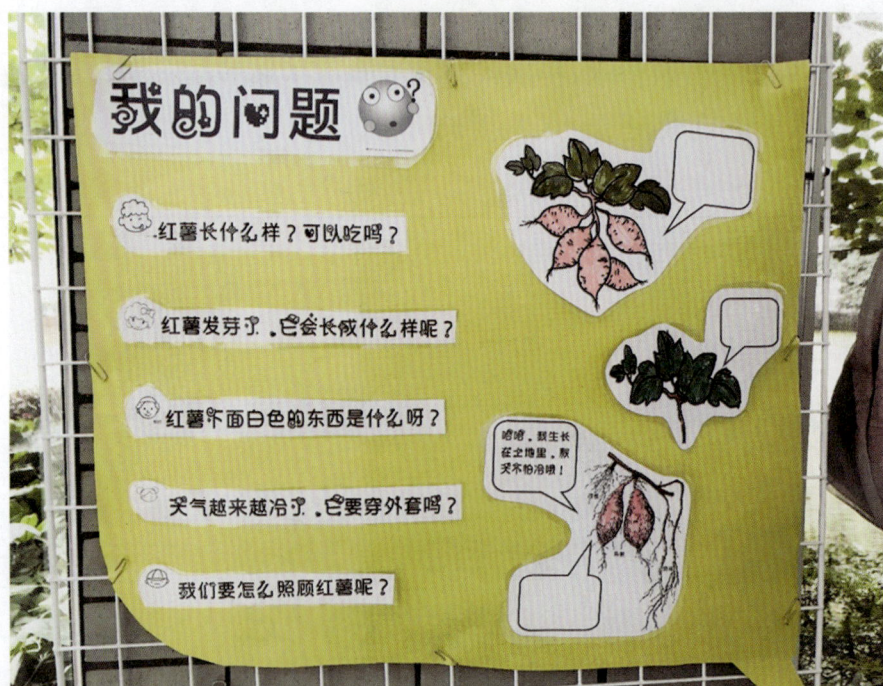

设计者：万玉蓉、洪青青

幼儿阶段性探究过程：

第一阶段

描述：

家长们带着孩子一起用废旧的可乐瓶制作红薯种植瓶。孩子们采用水培的方式种植红薯,还用各种彩色胶带、黏土和画笔装饰种植瓶和红薯,充满了童趣和想象力。在持续的观察中,探究红薯的生长条件,感知红薯生长过程中的变化。

照片：

呈现内容：

观察与发现	学习与操作	关键经验
1. 交流已知的适合秋天生长的植物。 2. 认识红薯,了解其基本种植方法。 3. 提出有关红薯的疑问,并大胆猜测答案。	1. 感知红薯的外形特征。 2. 知道养护红薯的方法,能及时给红薯浇水或换水,防止红薯烂根。 3. 发挥想象力,用各种材料装饰红薯及种植瓶。	1. 能根据观察结果,结合生活经验,提出问题,并大胆猜测答案。 2. 喜爱红薯,学习养护红薯。

第二阶段

描述:

孩子们喜欢红薯,他们给自己的红薯起了各种各样的名字,期待红薯宝宝能够快快长大。可是时间一天天的过去,气温也越来越冷,红薯却迟迟没有变化,孩子们很着急。怎么办呢？于是,孩子们一起搜寻资料、请求爸爸妈妈的帮助,一起想办法帮助红薯宝宝快快长大、顺利过冬。

照片:

呈现内容:

观察与发现	学习与操作	关键经验
1. 知道红薯的芽是黑色的。 2. 知道红薯有白色的须根,红薯靠根吸取水分。 3. 感知红薯的根须和芽的生长变化。	1. 观察红薯的生长变化并记录。 2. 比较红薯根须的长短。 3. 查找收集"红薯生长需要"的相关信息。	1. 喜欢动手动脑探索物体和材料。 2. 能感知、发现红薯根须的生长变化。 3. 用图画、符号记录自己的发现。

大班 S3—1

创设意图：

大自然中的花卉色彩缤纷,它们为什么是五颜六色的呢? 白色的花我们能让它变成彩色的吗? 让我们一起动手来做实验吧。

内容：

各种花卉变色实验。

材料准备：

(1) 白玫瑰;(2) 白康乃馨;(3) 白百合;(4) 白菊花;(5) 白绣球;(6) 长颈细口玻璃瓶;(7) 各色染料。

参与方式：

(1) 调配颜料;(2) 观察记录。

照片：

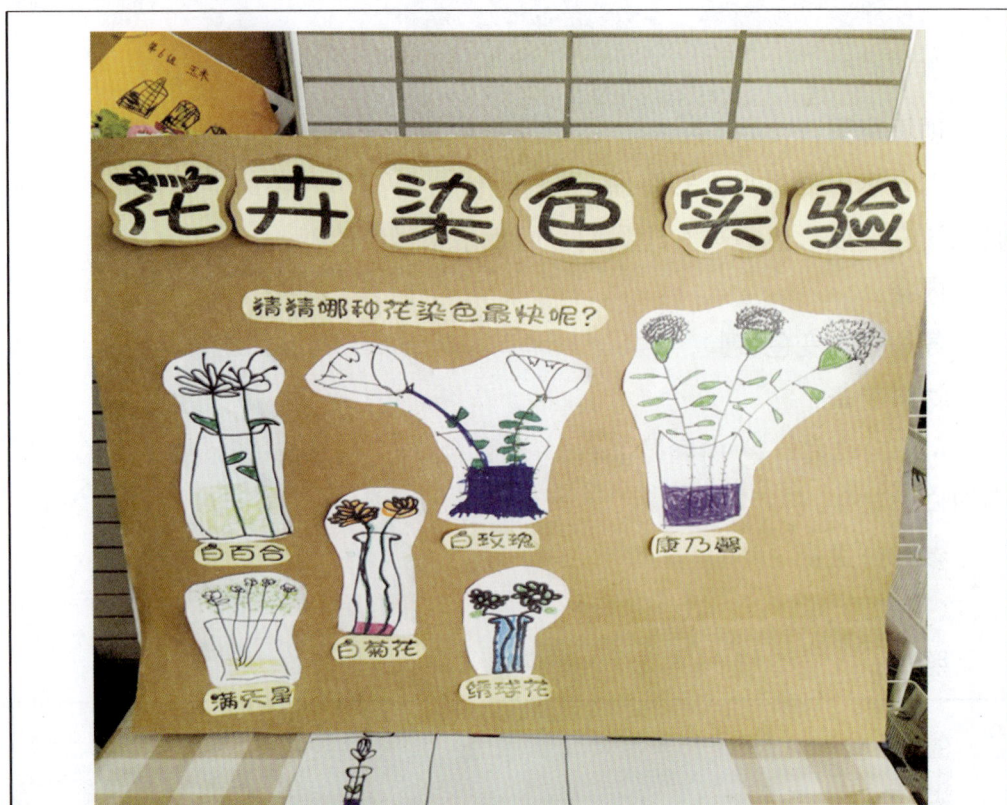

花卉染色实验

猜猜哪种花染色最快呢？

白百合　白玫瑰　康乃馨

白菊花　满天星　绣球花

设计者：滕璐璐、李雯璐、汤新花

幼儿阶段性探究过程：

第一阶段

描述：

大自然中的花卉色彩缤纷，我们能给白色的花染上颜色吗？一起动手来实验吧！

照片：

呈现内容：

观察与发现	学习与操作	关键经验
1. 观察比较不同花卉颜色的变化，观察哪一种花卉的变化最明显。 2. 观察比较相同花卉，不同颜料浓度，花卉的生长情况。	1. 在教师的协助下制作颜料。 2. 利用放大镜观察花卉吸收颜料的情况。 3. 用绘画的方式记录花卉吸收颜料的情况。	1. 初步了解染色实验的操作步骤。 2. 运用、借助工具制作花卉染色实验。 3. 观察记录花卉染色的情况。

第二阶段

描述:

第一次的染色实验失败了,师幼一起讨论解决方案。第二次实验成功啦,白色的花卉顺利染上了五彩的颜色!

照片:

呈现内容:

观察与发现	学习与操作	关键经验
1.知道普通颜料制作的彩色水,花卉无法吸收。 2.通过实验观察出温水和油性染料调制的彩色水可以被花卉吸收。	1.选择温水和油性染料调制彩色的水。 2.用绘画的方式完成观察记录表。	1.喜欢动手动脑探索物体和材料。 2.能感知和发现花卉变色过程并会记录。

大班　S3—2

创设意图：

实验区结合水的特性、功能等设计了一系列的实验活动。让幼儿在探索中发现水的奥秘，从而产生保护水资源的情感。

内容：

以"水变干净了"为主题的过滤实验。

材料准备：

（1）报纸；（2）石头；（3）沙子；（4）棉花；（5）过滤网；（6）过滤纸；（7）海绵；（8）玻璃瓶；（9）大号矿泉水瓶；（10）脏水。

参与方式：

（1）制作过滤瓶；（2）观察过滤情况并记录；（3）收集过滤材料。

照片：

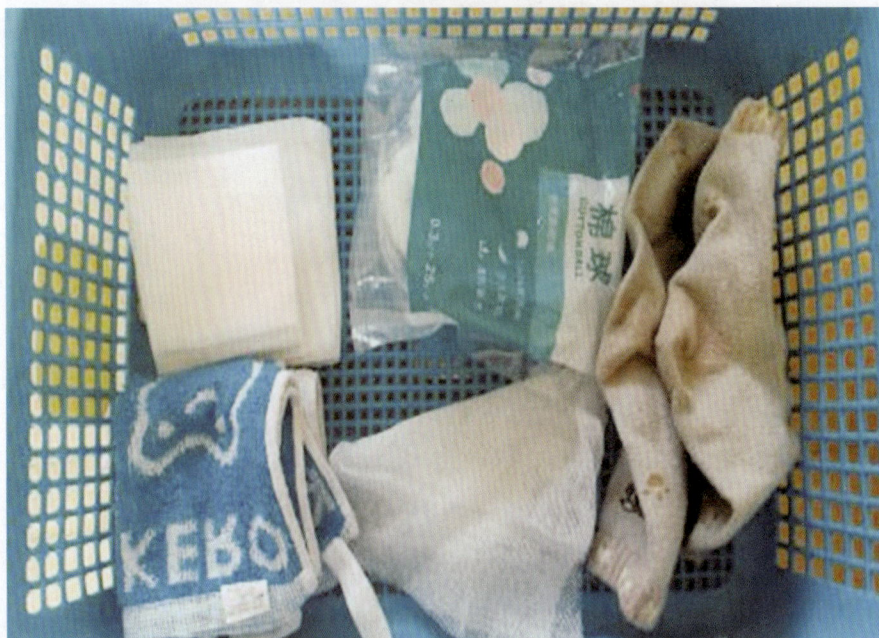

设计者：刘超、王荣锦、李芬

幼儿阶段性探究过程：

第一阶段

描述：

幼儿通过自主探索进行以"水变干净了"为主题的过滤实验。

照片：

呈现内容：

观察与发现	学习与操作	关键经验
1. 运用各种材料自主探索"经过什么材料的净化，能使水变干净"。 2. 思考并探索材料能净化水的原因。	1. 运用各种材料净化水。 2. 进行净化水实验，通过观察，了解为什么一些材料能净化水。	1. 能够通过观察、比较与分析，发现并描述不同物体的特征或者某个事物前后发生的变化。 2. 动手动脑探索物体和材料，并乐在其中。

第二阶段

描述：

幼儿利用多种材料制作各种各样的过滤瓶探索泥水的过滤情况，并将实验结果通过绘画的方式进行记录。

照片：

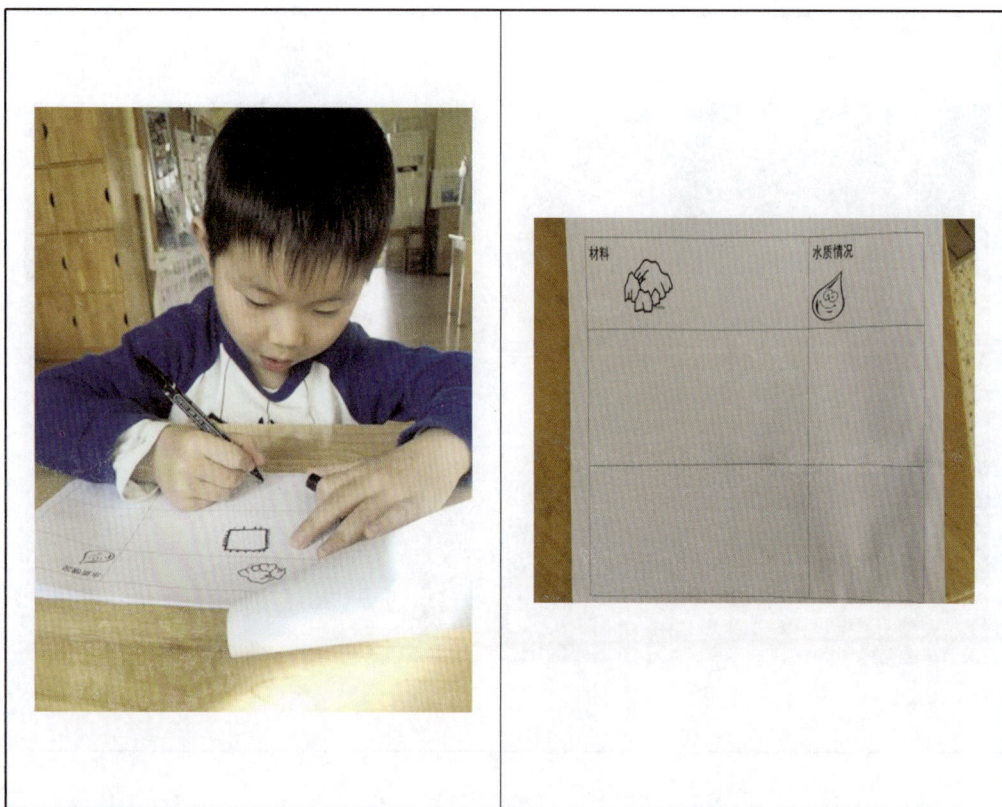

呈现内容：

观察与发现	学习与操作	关键经验
1. 通过观察实验，总结记录哪些材料能制作过滤瓶。 2. 观察比较哪一种材料制作的过滤瓶过滤的水最干净。	1. 运用各种材料制作过滤瓶。 2. 对比观察不同的过滤瓶过滤出的水质不同，记录实验结果。	1. 能够探索并发现常见的物理现象产生的条件或影响因素。 2. 在探究活动中，大胆地猜一猜、想一想，喜欢做一些简易的调查或有趣的小实验。

特 色 区

小班 T1—1

创设意图:

水果是幼儿生活中常见又喜爱的食物。那么,水果除了吃还可以做什么呢?"还可以变成可爱的水果娃娃呀!"孩子们说道,孩子们决定要给水果打扮打扮,变成可爱的水果娃娃。通过给水果进行装饰,不仅了解了水果的特征,还能发挥他们的想象力和动手能力。

内容:

(1) 水果;(2) 装饰物。

材料准备:

(1) 各种水果;(2) 桌布;(3) 制作过程图;(4) 装饰物;(5) 无纺布;(6) 油泥。

参与方式:

制作:(1) 亲子制作;(2) 幼儿自由选择水果娃娃制作。

照片:

设计者：彭佳丽、尤如梦

幼儿阶段性探究过程:

第一阶段

描述:

亲子制作水果娃娃。将喜欢的水果买回家后进行装饰,添上好看的耳朵、眼睛、鼻子等。打造一个自然又有趣味的水果娃娃区。

照片:

呈现内容:

观察与发现	学习与操作	关键经验
1. 观察水果,发现水果娃娃摆放时间长容易腐烂。 2. 对比观察,发现柚子不易腐烂,特别适合做水果娃娃,摆放时间相对持久。	1. 欣赏水果娃娃作品,了解水果娃娃的特点及制作方法。 2. 亲手给水果娃娃进行简单的装饰。	1. 通过观察,知道水果摆放的时间长会腐烂。 2. 知道水果可以制作成水果娃娃,并在制作中获得满足感与成功感。

第二阶段

描述：

孩子们发现水果摆放时间长容易腐烂，他们和老师一起探讨用其他的东西来代替，比如：仿真水果或者用油泥捏的水果。孩子们通过给仿真水果装饰获得成功感。

照片：

呈现内容：

观察与发现	学习与操作	关键经验
1. 观察真假水果，发现水果可以用仿真的材料来代替，这样更利于保存。 2. 观察班级现有材料，发现可以用美工区的材料进行水果娃娃的制作，比如：粘贴眼睛、鼻子。	1. 学习粘贴的技能，为水果娃娃进行装饰。 2. 观察水果的特点，讨论合适的、利于保存的方法。	1. 通过示范观察，学会粘贴的技能。 2. 知道利用仿真水果进行装饰，更利于保存。 3. 知道尽量不破坏水果表皮进行装饰，更利于保存。

中班　T2—1

创设意图：

各种各样的叶子悬挂在半空,孩子们触手可及,通过图片和触摸真实的叶子,孩子们了解各种各样的植物,感受叶子的形状不同、纹理不同、触感不同,感受植物生命的多样性。放学以后,孩子们还可以和爸爸妈妈借助手机"扫一扫"的功能,了解更多有关叶子的信息,真正实现家园互动。

内容：

叶子认一认。

材料准备：

(1) 各种各样的落叶;

(2) 叶子所在植株的图片以及二维码。

参与方式：

观察:(1)触摸;(2)阅读;(3)亲子手机扫一扫二维码。

照片：

设计者：童兰碟、陈玉卿、张寅韬

幼儿阶段性探究过程：

第一阶段

描述：

家长带着孩子一起收集各种各样的叶子，并把它们压平整。将易碎的叶子压膜悬挂，坚硬的叶片直接悬挂，在叶子的上方用彩色照片展现该叶子的生长植株与周围环境。

照片：

呈现内容：

观察与发现	学习与操作	关键经验
1. 观察各种各样的叶子,发现每种叶子的形状、颜色、大小的相同与不同。 2. 多感官地观察叶子,发现叶子上不同的纹理、触感、味道等。	1. 通过观察、比较,感知叶子的形态、颜色、大小等特征。 2. 通过多感官,如:摸、闻等发现叶子更多的秘密。	1. 能对叶子进行观察比较,发现其相同与不同。 2. 能用图画或其他符号进行记录。

第二阶段

描述：

孩子们通过摸、看、闻等多种观察方法,在班级墙面形成互动:"找一找相同的叶子",并通过书籍自主查阅。

照片：

呈现内容：

观察与发现	学习与操作	关键经验
1.查阅、翻看相关书籍,发现叶子的秘密,细致了解叶片的相关知识,如:外形特征、生长环境、植株形状等。 2.寻找墙面上的树叶,并通过查阅书籍了解植物基本信息。	1.观察、触摸墙面的叶子,了解叶子的基本形态特征。 2.在幼儿园中寻找这种叶子。 3.查阅书籍资料,发现并了解植物的基本信息。	1.喜欢动手动脑探索物体和材料,了解植物叶片的基本特征。 2.能搜索和发现不同叶子生长的植株的不同。 3.提高查阅资料的技能,也可以请成人帮忙查找。

中班 T2—2

创设意图:

大自然包罗万象,孩子们常常期待看到大自然更深层更神奇的东西。泥土下面有什么? 于是我们邀请家长带着孩子一起用玻璃瓶动手制作了看得见的"生态瓶"。通过它,孩子们不仅可以观察植物的生长情况,还能看到植物的根、茎是如何生长的?

内容:

(1)生态瓶;

(2)童话小镇。

材料准备:

(1)生态瓶:新鲜草皮、泥土、颗粒大小不同的石子以及沙子、玩偶。

(2)童话镇:沙盘、沙子、泥土、草皮、玩偶、绿植。

参与方式:

养护:给生态瓶、沙盘绿植浇水。

游戏:利用指偶进行表演游戏。

照片：

设计者：孙岑、徐宋、赵琳

幼儿阶段性探究过程：

第一阶段

描述：

家长带着孩子一起用玻璃瓶动手制作了"生态瓶"，还准备了沙盘以及新鲜的草皮、泥土、沙子，并按照制作"生态瓶"的方法制作了一个"童话小镇"，打造一个自然、环保的表演区。

照片：

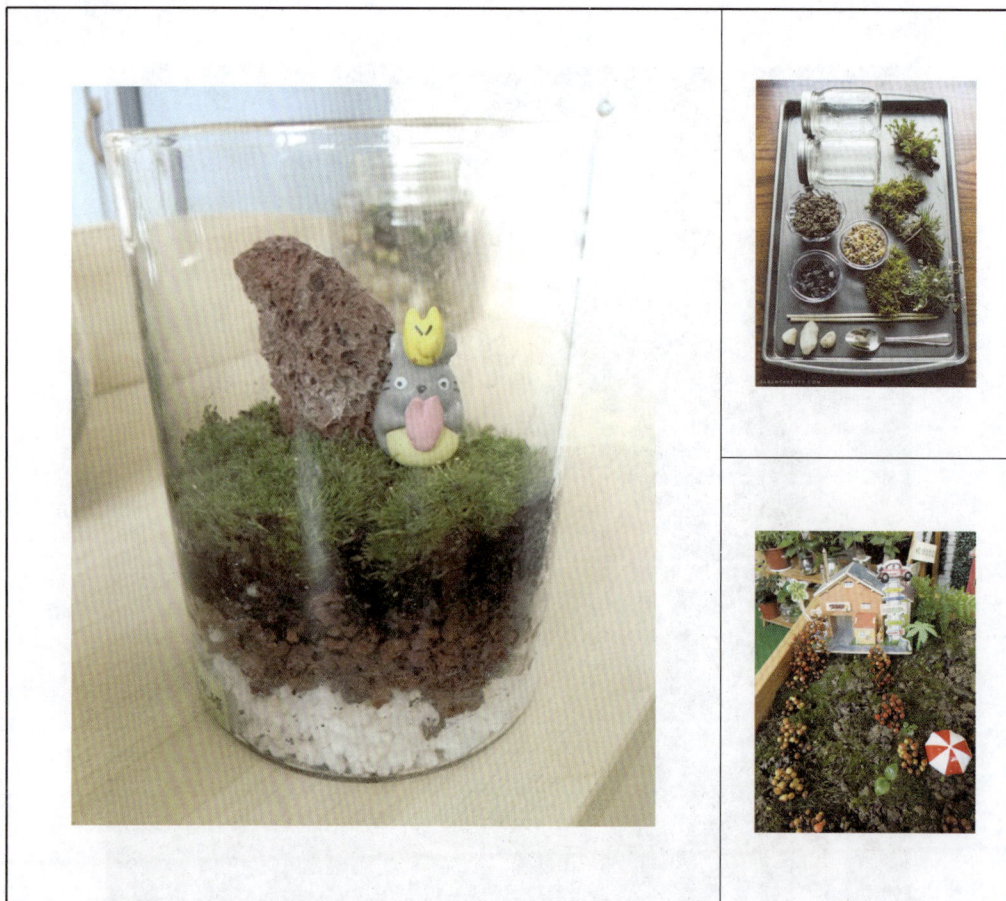

呈现内容：

观察与发现	学习与操作	关键经验
1. 观察生态瓶，发现生态瓶中的内容，确定制作材料。 2. 观察生态瓶里土的下面有什么，初步了解分层的方法，知道要在放入土之前，先放沙、陶土粒，有利于水分的吸收与储存。	1. 感受地质分层，学会简单的分层方法，了解分层的作用是为了保湿、储存水分。 2. 利用沙子、泥土等多种材料亲子、师幼制作"生态瓶"以及"童话镇"。	1. 观察生态瓶，初步了解地质结构，获得分层的相关知识与操作经验。 2. 通过观察示范操作，能自主运用工具制作生态瓶、沙盘。

第二阶段

描述：

孩子们从家里带来造景的小玩偶，并且为"童话小镇"进行布局、装饰。孩子们非常喜欢在"童话小镇"里面创造性地表演与表达。

照片：

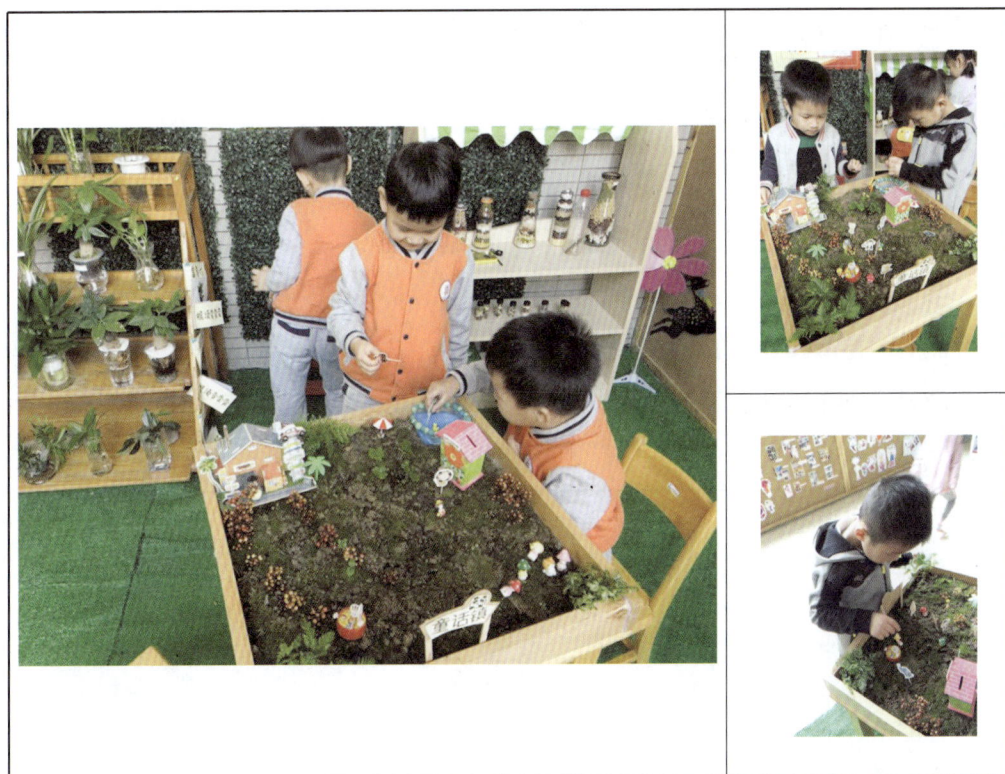

呈现内容：

观察与发现	学习与操作	关键经验
1.观察"生态瓶"，发现泥土里有种子，能长出幼芽。 2.观察手边材料，发现可利用适宜的材料对"生态瓶"进行简单装饰，美化环境。	1.学习利用各种玩偶进行故事表演，并大胆表现，尝试合作表演。 2.给沙盘、"生态瓶"浇水、松土、维护，知道保护环境的重要性。	1.喜欢动手动脑探索物体和材料，能自主利用现有材料对"生态瓶"进行简单装饰，发展想象及动手能力。 2.感知和发现沙盘中植物的生长变化，知道种子在"生态瓶"中也是可以发芽的。

大班　T3—1

创设意图：

我班自然角的风格是"中国风"特色，一切皆围绕着竹子展开。孩子们在这里一边品茶，一边欣赏竹林流水。看！活泼的小蝈蝈住在竹笼里，美丽的菊花种在竹筒里，特色区里还有各种竹编的"昆虫"。

内容：

竹编昆虫。

材料准备：

（1）竹编昆虫；（2）竹子流水；（3）竹制器皿。

参与方式：

制作：尝试运用竹子编制昆虫。

游戏：对竹编昆虫进行故事创编并表演。

照片：

设计者：朱丽萍、张倩、魏婷

幼儿阶段性探究过程：

第一阶段

描述：

特色区里,幼儿从家中带来了竹编的蟋蟀、蚂蚱、蝴蝶等,知道了竹子还可以制作这些东西。在观察的时候,他们提出:"制作的材料是竹子的哪个部分呢? 是怎么编的呢?"

照片：

呈现内容：

观察与发现	学习与操作	关键经验
1.欣赏把玩蝈蝈、蚂蚱、蝴蝶等竹编制品,发现竹子可以用来制作工艺品。 2.观察竹编制品,初步探讨制作竹编制品的方法。 3.发现竹编制品是竹叶编的。	1.欣赏、观察竹制品,初步了解制作竹制品的方法。 2.查找相关资料,了解竹编制品的工艺制法及所需材料。	通过观察实物及查阅资料,了解竹编材料和竹编方法。

第二阶段

描述：

孩子们给这些竹编小虫分别取了名字,开始了故事的创编,他们非常喜欢在这里创造性地表演与表达。

照片：

呈现内容：

观察与发现	学习与操作	关键经验
1. 观察竹编小虫的外形特征,给这些竹编小虫分别取了名字,开始了故事的创编。 2. 观察已有材料,尝试用竹叶编简单的竹制品。	1. 观察、讨论,尝试用竹叶编出竹制品。 2. 尝试利用各种竹制小虫进行故事表演。	1. 能初步感受生活和艺术中的美,发现竹编作品的特点与魅力。 2. 喜欢进行艺术活动,能运用竹编小虫及自制的竹编制品尝试用自己喜欢的方式大胆地进行艺术表现。

大班　T3—2

创设意图：

会动的草：在孩子们的启发下，我们一同搜集了各种各样的草(扑蝇草、含羞草、猪笼草、跳舞草)。这些草为什么会动？为此，我们开始了探究的旅程。孩子们自己想办法，尝试用查阅资料、使用工具、对比观察等适宜的方法探究和解决问题，表现出越来越强的主人翁意识。老师也很为他们的自主探究意识感到欣喜。

内容：

(1) 扑蝇草；(2) 含羞草；(3) 猪笼草；(4) 跳舞草。

材料准备：

(1) 花盆；(2) 浇水壶；(3) 营养液。

参与方式：

养护：(1) 换水；(2) 给植物修剪枯黄的叶子；(3) 帮助植物添加营养液；(4) 值日生打扫该区域卫生，保持干净整洁。

观察、记录：通过观察发现这些"会动"的草在什么时候会动并记录下来。

照片：

设计者：蔡婷婷、孔小凤、陈宇

第一阶段

描述:

班上蚊子较多,有的孩子提出:"我们可以种植一些让蚊子害怕的草。"有"博学"的孩子提出一种捕蝇草,可以把虫子都吃掉。于是,老师找来了包括捕蝇草在内的三种草,放在自然角的特色区,但没有告诉孩子们草的名称。老师和孩子们玩了一个游戏:猜一猜它们是谁? 在第一天的观察中,有的孩子认出了捕蝇草,但另外两种草他们一无所知。老师将这个疑问留给了孩子。在第二天的观察和讨论中,有的孩子说出了另外两种草的名称,还介绍了这些草的一些特征。原来他们回家和爸爸妈妈一起查阅资料,认识了这几种神秘的草。围绕这几种神秘的草,我们开启了神秘之旅……

照片:

呈现内容:

观察与发现	学习与操作	关键经验
在观察中发现几种草的外形特征,了解它们的不同功能。	能够主动观察、探究并发现几种草(捕蝇草、猪笼草、跳舞草)之间的共同点与不同点。	能够通过观察、比较与分析,发现并描述不同物体的特征或者某个事物前后发生的变化。

照 片 集 锦

小 班

虫虫生态园

梦想庄园

小森林

一起长大

自然部落

自然角落

中　　班

绿野仙踪

秋韵园

童话镇

童趣谷

叶、秋

大　班

草趣

海上花园

花枝氧吧

香隅

竹韵

自然角故事

小诗：自然角的秘密

一片叶子落下来
我轻轻地拾起
耳边却传来一阵声音
"来这里，探索自然的奥秘"
我追随着声音来到这片绿色的天地
发现了许多奇妙的事情

原来蚯蚓爬过的印记
是为了减少摩擦力
小种子的长大离不开
阳光、水分和土地
水果宝宝在我们的双手下
能穿上漂亮的外衣
蛐蛐和蝈蝈长得像
却会发出不一样的声音

在这里，我们照顾生命
发现了季节的变化
物种的多样与自然的神奇
在这里，我们运用工具
观察、记录、比较、测量
开动脑筋，共同解决问题

在这里，老师陪伴我们

创造了一个城市里

独一无二的小森林

在这里，我和小伙伴

向往着发现，充满着好奇

大自然为我们揭晓谜底

微风吹过，小芽芽向我点头示意

"谢谢你，在这儿就像回到林间的家里"

我也很高兴，我们一起游戏，一起发现

小小的自然角原来藏着这么多生命的秘密

（孔小凤　南京市香山路幼儿园）

蚕宝宝成长记

　　一天早晨,阳阳兴奋地跑过来递给我一个信封,得意地问我:"蔡老师,你猜猜我带来了什么?"其他孩子闻声走过来,有的猜是贴画,有的猜是一封信,还有的猜是糖果……在孩子们的期待中,我打开了信封,一颗颗黑色的、圆圆的小颗粒。这是什么呢? 是小花儿的种子吗? 是油菜籽? 是鱼食吗?"不是,不是,都不是,这是蚕宝宝的卵。"阳阳迫不及待大叫起来。这一下大家开始热烈地讨论起来,"蚕宝宝小时候很小,长大后的蚕宝宝是白白的。""蚕宝宝它的身体是长长的、圆圆的,摸上去软软的。""蚕宝宝会吐丝,蚕宝宝喜欢吃桑叶。""蚕宝宝小时候是黑色的,长大了会变成灰色或白色。""蚕宝宝哪里来的?""蚕宝宝长多大才会结茧?""蚕宝宝的大便臭吗? 是什么颜色? 蚕宝宝喝水吗?"有了问题,孩子们的观察欲望非常强烈。带着问题去观察,也让孩子们的观察更具针对性。在这样的情况下,我们的"蚕宝宝观察之旅"开始了。

我们的故事:

一、蚕宝宝饲养初始

　　5月里的一天,孩子们收到了期待中的快递。轻轻地掀开薄纸一看,是像花种一样小小的卵。孩子们从家带来了几把放大镜,放在自然角用于观察卵里的一举一动。一天卵突然裂开一个洞,期待已久的自然角终于有了动静,从小洞里,钻出来一个身体。"出来了,出来了,蚕宝宝出来了。"孩子们高兴地欢呼着。只见蚕宝宝使劲儿朝前一伸,开始扭动起身体来,好像是在做吃饭前的准备体操。老师用湿湿的毛笔尖轻轻地挑起蚕宝宝放进了事先铺好桑叶的盒子里。

二、蚕宝宝的食物

蚕宝宝的饭是桑叶,给蚕宝宝吃的必须是又鲜又嫩的桑叶。为了找到新鲜的桑叶,孩子们找遍了幼儿园和自己家小区所有的大树。两三天之后,蚕宝宝的身体就长大了一倍,一片新叶子眨眼间就被咬得到处都是洞。蚕宝宝一天天地长大,所需要的新鲜桑叶也越来越多,终于有一天蚕宝宝"断粮了"。家长朋友们知道蚕宝宝"断粮"的消息,也纷纷加入了我们的大部队,搜集桑叶范围也逐步扩大到各家长工作单位的附近,就连爷爷奶奶们买菜时也会在菜市场多停留多寻找一圈,还有的家长在网上购买了一些桑叶,这下蚕宝宝终于有充足的口粮了。但是新的问题又出现了,桑叶太多蚕宝

宝一下子吃不完,可是桑叶又不能存放太长的时间。孩子们翻阅书籍,上网查阅资料,有的还询问了有经验的爷爷奶奶,于是我们又了解决问题的最佳办法,那就是把吃不完的桑叶放在冰箱里,在吃之前提前拿出来放至室内温度,并用干布擦干即可。经过这一次的"断粮"事件,孩子们又长知识了。

三、带蚕宝宝回家

星期一早晨来到幼儿园,一阵尖叫声吸引了教师,只见一只蚕宝宝的尸体掉在了桌底下,蚕宝宝头上还有残留的绿色液体。"怎么会这样? 蚕宝宝没有眼睛吗? 晚上蚕宝宝看不见吗?"孩子们议论起来。经过大家仔细地调查,再看看一只只蚕宝宝昂着头,原来是蚕宝宝周末早就吃完了我们周五放的桑叶,蚕宝宝这是饿了,一不小心失足掉了下来。随之问题就来了,怎样避免这种情况? 和孩子们一起讨论,有的说把它放在门卫爷爷那儿,请爷爷帮忙喂食;有的说请家在附近的小朋友周末过来喂一下;有的说把它带回家照顾。最终我们和孩子们商量一致,周末我们把蚕宝宝带回家照顾,我们一起制定了"周末照顾蚕宝宝时间计划表"。

四、蚕宝宝睡觉了

孩子们像往常一样,来园后自发地先去看望他们的朋友——蚕宝宝。可是今天孩子们着急的声音吸引了教师,"不好了,蚕宝宝都死了",孩子们伤心极了,班里顿时鸦雀无声。通过询问汤伯伯,孩子们了解了蚕宝宝休眠这一生长特性,知道了蚕宝宝要经过 4 次休眠才会真正长大。孩子们已经观察到了"蚕宝宝蜕皮的时候是先蜕鼻子部分的,头从这个洞里钻出来,然后是身体,最后是尾巴。蜕过皮的蚕宝宝像洗个澡,白白的,干干净净的,没有蜕皮的蚕宝宝身体有点黄黄的"。

五、蚕宝宝不吃了("上山"结茧)

蚕宝宝经过4次休眠终于长到了五龄幼虫,孩子们又发现了蚕宝宝的新变化:"蚕宝宝身体的颜色变得有点透明。""它们怎么一动不动呢? 趴在那里,它不累吗? 是不是又要睡觉了? 它怎么不吃了呢,它们不饿吗? 它们不舒服吗?"立刻有孩子提出了不同意见:"可是它的头抬得好高呀,和平时睡觉的样子有点不一样。"

孩子们通过观察了解到:蚕宝宝要结茧了,它给自己搭个小窝,然后自己在里面编茧子,蚕宝宝还会变成蛾子。班上孩子们顿时兴奋地欢呼起来。怎么帮助蚕宝宝"上山"呢? 于是他们开始着手准备蚕宝宝"上山"的工具。孩子们在家长的帮助下带来了树枝、稻草、架子等工具来帮助蚕宝宝"上山"结茧。

六、蚕宝宝成蛾产卵

蚕宝宝经过 4 次休眠成功结茧,大约过了十天,蚕茧都破了个洞,好多蛾都钻出来了。可有一天我刚进教室,就觉得气氛有点不对,小朋友们怎么都有点难过呢?于是我问妮妮:"你怎么啦?怎么有点不开心呢?"妮妮说:"好多蚕蛾妈妈和蚕蛾爸爸都生病了,快死了,我看了有点难过。"我走近一看,果然好多蚕蛾完成了它们的繁衍任务后都奄奄一息了。对此,我又组织了一次观察活动,孩子们发现蚕蛾的翅膀有点烂掉了,两根触角也开始往下掉。我告诉小朋友:其实蚕蛾的生存就是为了产卵,它们要在破茧以后短时间内找到好朋友,然后产卵,它们是蚕宝宝的晚期,产卵结束以后就要面临死亡,但是有新的生命正在成长。我让孩子们看看今天的蚕卵有什么不一样的地方,小朋友很快就发现了很多变化:原来卵是黄色的,现在变成黑色的了。大家想到小蚕宝宝就要出生,又可以进行新的一次蚕宝宝饲养活动,小朋友一下子又觉得很开心,充满期待。

我们的感悟:

一、积累经验,激发探索兴趣,让孩子们成为自然角的主人

《幼儿园教育指导纲要(试行)》中提出:"引导幼儿对身边常见事物和现象的特点,变化规律产生兴趣和探究的欲望。"孩子们对于新鲜事物具有强烈的好奇心,这份好奇心驱使着他们主动接近、专注观察,探索其中的奥秘。在进行自然角养护观察时,教师充分发挥孩子们的主动性,问问他们已经知

道了什么,还想知道什么。孩子们产生了疑问,带着探究的心,在后续的观察活动中就会更加专注。另外,孩子们是很乐意分享自己的经验的,让他们谈谈自己已经知道的,这让他们非常自信。就如蚕宝宝,孩子们已经有了一定的经验,教师再引导孩子们说说"你还想知道什么",孩子们又出现了很多问题,那么,接着就是一起去探秘。孩子是以一个主人的心态来观察,而教师的作用则是提出开放性的问题,引导孩子们运用多种感官参与到活动中,用自己的方式来探索操作,从而解决他们想要了解的问题。

二、组织阶段式观察

自然角内的蚕宝宝是有生命力的,有它自己的生长规律,因此,我们的观察也应顺应其生长规律。在观察前应制定初步的观察计划,组织孩子们进行阶段式的观察,每一阶段还应有重点地观察指导。动物观察也是如此,先让孩子们谈谈对蚕宝宝了解多少,还想知道什么。接下来根据蚕宝宝的生长变化,引导孩子们观察蚕茧、破茧、交配、产子各个阶段。在每一阶段观察之后谈谈下一步我们将观察什么。还可以让孩子们开始尝试自己来规划自己的观察重点,进一步提高他们的观察能力。

三、及时记录,丰富孩子们的经验

孩子们的思维是从记忆开始的。因此在自然角这种科学探究活动中进行记录,不仅有利于孩子们对所观察事物的思考与理解,而且能帮助孩子们记住自己的发现。通过同伴间不同的记录,还能交流发现观察中所看到的不同现象,更有助于孩子们全面细致地观察与了解。不间断地记录也让孩子们养成良好的学习习惯和学习态度。每次观察后,鼓励孩子们以自己喜欢的方式将观察所得记录下来。教师可帮助孩子们记录时间、语言。孩子们在描述自己作品时,也是在对自己的观察发现进行总结,同时,通过一系列的记录逐步建构自己的经验积累。

小小的自然角蕴含了一个大世界。中班孩子们受到较多能力、经验的限制,那就更要让自然角发挥作用。无论是其主题创设、内容选择,还是其指导策略,都需要进行充分的思考。兴趣先行、积累经验、阶段规划、记录提升,把握好这些关键,让孩子们成为观察的主人,让自然角真正发挥其应有的作用,服务于孩子们的健康成长。

　　自然角的创设与利用只是幼儿园教育与环境创设的一个小方面,但只要我们注意合理地开发与利用,同样可以在幼儿教育中发挥巨大的作用。孩子们的发展是在环境相互作用的过程中有机进行的,只有孩子们自己参与设计、动手创造的环境才能引起孩子们的兴趣,使其对环境中的事物更加认识、更加爱护。我们应充分发挥孩子们自己学习、动手的能力,发挥孩子们的积极性、主动性、创造性,使孩子们真正地成为保护环境的小能手。

(蔡婷婷)

从一朵落花开始

　　新学期开始的时候，幼儿园的空气变得香香甜甜。孩子们从家里带来了美丽的盆栽、可爱的小生物，放在我们的自然角，让教室内外充满着勃勃生机，走过时的心情也变得愈加美好。而更美好的，是孩子们和老师一起照料自然角的生命时发生的趣闻轶事。故事，就从这里开始。

　　轶事一：阳阳的月季花落了

　　这一天早上，自然角的值日生们正在耐心地给植物们浇水，杨懿仁突然一惊一乍地大呼小叫："老师，不好了，不好了！"

　　"发生什么了？"我难得看到他这么紧张。

　　"阳阳带来的月季花快死掉了！掉了很多花瓣！"他睁大了眼睛很严肃地跟我说。同时，他拽着我来到了"案发现场"，果然如他所说，月季花的花瓣一瓣一瓣地掉得满地都是。

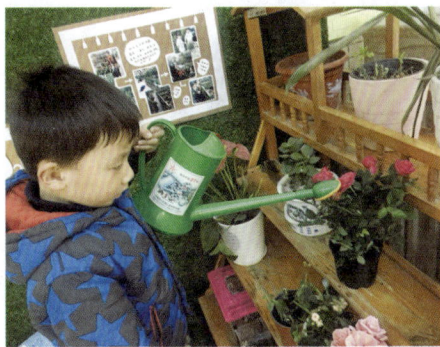

　　"老师你看，月季花的叶子，也黄黄的，你说它是不是快死了？"生怕我发现不了蛛丝马迹，他赶忙指给我看。花盆里月季花看起来蔫蔫的，一副没精打采的样子。

　　这到底是怎么回事，我和孩子们一起讨论了起来："为什么我们的月季花会枯萎呢？"有的孩子说是因为浇水不够，有的孩子说是因为光照太少，有的孩子说可能是因为虫子在吃月季花，还有的孩子觉得是因为装花的盆子太小了。

　　老师也不是百科专家,于是我求助了万能的互联网,得知原来真的是因为光照太少。月季花需要充分地沐浴阳光,我们的自然角在二楼的角落并且背光,常年没有光照,虽然我们小朋友有时也会将它移到外面晒太阳,但还是光照不足,于是月季花花瓣才开始掉了,叶子也开始蔫了。

　　看来我们的教室不适合月季花生存,孩子们也似乎意识到了这一点,纷纷开动脑筋想办法。

　　"要不要让阳阳把月季花带回去,这样它能长得更好?"我提议道。阳阳却摇摇头,他很想和大家一起分享。

　　"我们把月季花送给汤伯伯吧,放在小蜜蜂农场里,它可以每天晒太阳,一定会开得更好看!"机灵又懂事的妙妙提出了好办法。

　　"对,我们每天可以去看看它! 给它浇水!"大家纷纷赞同。

　　于是,我们一起敲开了汤伯伯的门。送出月季花的时候,我们的孩子虽然有点舍不得,但看到汤伯伯惊喜的脸庞,他们开心地笑了。

　　"我们会经常回来看你的!"他们悄悄地和月季花道别。

"我们送月季花的时候,汤伯伯看起来很开心。""汤伯伯一定也很喜欢月季花的。""汤伯伯每天看到月季花一定很高兴。"回来的路上他们一路叽叽喳喳。

从此,小蜜蜂农场里多了一株灿烂绽放的月季花,每当走进小蜜蜂农场,我们的孩子都会热情地和它打招呼,"嘿! 中二班的月季花!"就像见到老朋友,笑靥如花。

　　感悟:乐于分享,待花朵绽放

　　自然角的设置不仅让孩子们学会观察,懂得照料,更多了一份关爱与珍惜生命的情感。看到美丽的小花小草逐渐枯萎时,他们比我们成人更加心急如焚。当他们将心爱的月季花送给了汤伯伯,送完回来也非常地开心时,我发现,他们的心胸比我想象的还要开阔。正如古人所说,"予人玫瑰,手有余香",我们的孩子虽然表达不出来,但他们一定渐渐明白了,喜爱,不一定要占有,其实分享,更是一种美德。

轶事二：我想留住你的美

春天渐渐地过去，自然角里的花也慢慢地越开越少了。

"老师，为什么自然角的花越来越少了?"这一天晨间劳动时，安安提出了这个问题。

"因为春天要过去了呀，很多花的花期都在春天，春天过了就枯萎了，也不开了。"我看似很专业地向他解释。

安安一脸惋惜地看着我，跟我说："好可惜呀! 如果能一直看到它们就好了!"我很赞同地点点头。

晨间的谈话，我把我们的讨论分享给了孩子们，他们听完大受触动，原来，在他们小小的心里，也一直想把自然角美丽的花朵留下来。

"那怎么把它们的美留下来呢?"我和孩子们讨论。

"我们可以给它拍照，以后经常看一看。"张嘉芯的妈妈是个拍照高手，经常给她拍好看的照片，她不假思索地想出了这个好办法。

"我看我妈妈还会把花夹在书里!"妮妮跟大家分享了她生活中的经验。

"我们还可以把花变干呀! 我家里的干花就不会枯萎的!"睿睿忍不住告诉大家。

"对呀，确实是个好办法，那怎么让鲜花变成干花呢?"我接着追问道。

"放在太阳下晒一晒。""用吹风机吹一吹，它就变干了。""放微波炉里转一转。""还可以放烤箱里!"孩子们一下子蹦出许多奇思妙想。

对于他们的想法，我表示非常赞同，并支持他们进行尝试。正好是周五，收集了一些鲜花以后，我发放给他们，请他们回家后自己用周末时间去试一试。

星期一回来的早上，他们带给了我大大的惊喜。蒋梓馨给了我一支有点烤焦的花，告诉我是在烤箱里烤过的。小贝的花看起来干得很均匀，他说他的这支花整整放在外面晒了两天。夏天还带来了一个自己制作的干花书签，原来是她让妈妈找来了塑封机，把干花塑封了起来。

我把他们带来的干花收集起来,插在了钢琴上的花瓶里,虽然有的花看起来干干焦焦的,但在我和孩子们的眼里,却是分外美丽。

感悟:善于思考,让美好留驻

"流水落花春去也,天上人间"。花开花落,春去秋来,我们成人自然知道,自然的脚步从不会为我们停歇。但我们的孩子,却有一颗澄澈纯真的心,愿意试着把自己喜爱的自然中的美好事物留住。他们开动脑筋,积极尝试,提出的许多想法和建议可以说是闪闪发光的。当然,这个过程中也会有失败,但每一份尝试都值得被赞叹。而在这个过程中,相信他们感受到了大自然中生命的可贵,见证了生命力量的神奇,从此更加珍惜身边的每一个生命,用心善待身边的每一份美好,学会与自然更加和谐地共处。

轶事三:悄悄爬过的蚯蚓

自由活动时间,几个孩子来到了自然角进行观察。我走过去,惊奇地看到其中一个女孩没有站在边上,而是全身趴在地上,努力地蹭着地往前爬着,蹭过地面的衣服上留下一大块黑黑的印子。我赶忙走过去,一把拉起她:"沁沁你干吗呢? 快起来!"

我带她回到教室,指着她的衣服说:"你看看你的衣服,多脏啊!",我的语调有点生硬,对于一个中班孩子做出这种在地上爬的幼稚行为我确实有点生气,这个平时在我印象中还不错的女孩一下子给留下了贪玩的印象。她瞪着大眼睛,想说什么却表达不出来,眼睛里似乎有泪水在打转。

一起在自然角观察的赵骏琪走了过来,凑到我耳边,跟我说:"沁沁跟我说,她在学蚯蚓呢。"这个孩子的"告密"让我的心弦被震动了一下,回想刚刚沁沁的动作,确实很像一只蚯蚓啊!

我重新问她:"你是不是在学蚯蚓爬的动作?"

她点点头,小声跟我说:"我看花盆里的蚯蚓就是这么爬的。"

"那你为什么要学蚯蚓爬呢?"我追问道。

"妈妈说小蚯蚓让泥土变松,花可以开得更好。我希望小蚯蚓多爬一爬。"她的回答一下触动了我的心。

我拍拍她的头，跟她说对不起，心里却始终为自己不问究竟就批评孩子的行为而感到万分羞愧。

感悟：蹲下身来，听纯真心声

不知从何时开始，作为幼儿教师的我，心却渐渐变得冷漠，不愿意去探求那些纯真行为背后的动机，可以说，这件事给我好好地上了一堂课。

我们班孩子一直在思考怎么让自然角的花开得更久，乐于表达的孩子说出了许许多多的办法，而不擅长表达的孩子呢？他们心里也是有想法的啊！虽然有的行为幼稚得好笑，却纯净得如金子般闪闪发光。老师和孩子间的相处也是教学相长的过程，每天密切的接触中，老师能从孩子那儿学到很多。蹲下来，贴近心，好好听一听孩子们纯真善良的心声，就像他们耐心倾听自然角的花开声一般。

写在后面：

小角落，大世界。小小的自然角看似不起眼，却蕴藏着许多教育的契机。孩子们在这里种植、观察、饲养、记录、照料，在这里等待花开、听见花落，在这里探究自然的奥秘，在这里学会如何用心对待生命。作为一名观察者、支持者与陪伴者，教师与其说是在教孩子，不如说是与孩子共成长，从孩子的身上教师学到了更多。从一朵落花开始，孩子们带来了这么多动人的故事，拥有一双发现美的眼睛，永葆一颗纯真的童心，才能让自然角真正绽放生机，香飘绵长。

（孔小凤）

奇妙的根

　　春天是万物复苏,播种希望的季节。孩子们在自然角中得到了天天接触、长期观察、亲自管理、动手操作的机会,在开阔视野、激发好奇心的同时,获得了认知、习得了技能。

　　故事一:

　　在一次建筑活动中,鑫鑫的作品搭好了,他就到处走走转转看看别人的作品,突然他走过来拉着我的手,指着远处的一个物品说:"老师,这是什么?是大树吗? 大树怎么被砍掉了?"我仔细一看,原来是木工坊里一段被加工过的树根。我告诉他:"这是树根。""树根不是应该在泥土里吗? 而且树根应该在下面,不是在上面啊?"他很疑惑。这时登登也走过来说:"这才不是根呢,这个这么粗,奶奶给我看过大蒜的根是白白的,细细的。""大树的根就是这么粗的,我在图书里看过。"轩轩也走过来说。阳阳摸了摸树根,皱着眉头问:"老师,这个树根好滑呀,我摸过大树,糙糙的,它们怎么不一样呢?"不知何时我们周围围过来好几个小朋友对于这个话题议论纷纷。"这是被加

工过的,糙糙的树皮被磨掉了。"我回答。于是他们很兴奋地都来摸摸。"为什么要磨掉呀?""不磨掉就会扎手的,这个加工过就能放在这里作为装饰了。"鑫鑫说。"树根还能做装饰呀!"奇奇很惊奇地问。"那当然,妈妈带我还看过根雕展呢,里面全都是用树根做的装饰品,可好看了。"鑫鑫骄傲地说。登登听了半天,拉拉我的手:"为什么大蒜的根那么细那么白呢?是不是每一种植物的根都不一样呢?"看着孩子们对植物的根产生了浓厚的兴趣,为了满足他们的好奇心和探究的欲望,我决定在自然角开展以"奇妙的根"为主题的活动。

感悟:

俗话说,兴趣是最好的老师。想要激发孩子的问题意识和学习热情以及引导他们去探索,其决定因素不是学习内容的深浅而是他们是否对学习内容感兴趣。因而,在培养儿童自主学习过程中,我们要尽量去从孩子的问题和矛盾冲突中,确定孩子的学习内容。从"故事一"来看,孩子对突然观察到的事物非常感兴趣,有很多的问题,有继续探究的欲望。因此,我们应做有心人,收集大量能引起孩子好奇心的物质材料,让孩子不断接触新玩意。摸一摸、看一看、碰一碰,提出问题,这就是一个引导孩子科学探究的过程。在这个过程中,教师不一定要给出全部的答案,只需要正确引导孩子们自己去寻找答案就可以了。孩子们通过观察探索,不断地对不同事物产生新奇感,这种积累可以有效地培养孩子对科学探究的兴趣,也为孩子具有科学探究能力打下坚实的基础。

故事二:

为了让孩子们观察到更多不同种类的根,我找来了几个透明的瓶子,把小朋友选择的萝卜、小葱、土豆、吊篮和绿萝等都放在瓶子里养起来,小雨看见了问:"植物不是应该种在泥土里吗?放在水里能养活吗?""能呀,它可以从水中吸收营养。""怎么吸?""用它的根来吸呀,就像我们的嘴巴一样。"小雨点点头说:"原来是这样,你看吊兰的根细细的、白白的,像老爷爷的胡须。"熙熙说:"绿萝的根是浅黄色,有的根上面还有绿色,它的根比吊兰的要粗,有点像豆芽。"孩子们观察过绿萝和吊兰的根后,对玻璃瓶里其他植物的根也产生了兴趣。"为什么这些根长得都不一样?"有人问。鑫鑫说:"我回去问过爷爷了,根有好多种类的。"他指着萝卜细细长长的小尾巴说:"这个是直根。"又指着小葱下面的根须说："这个叫须根。"孩子们又拿起了水中的土豆，发现有一个土豆下面长了一根长长的像根一样的东西，大家都欢呼起来，告诉我："老师，土豆也长根啦！"我让孩子们数一数，让孩子们记住，过几天再来看一下。孩子们还发现了另外一个瓶子中的土豆底部没有长根，倒是上面长了两个黑黑的小东西，孩子们搞不清楚是根还是芽，一起来问我，我没有直接告诉孩子们答案，而是用手机将他们的发现拍下来，鼓励他们过几天再来看看这两棵有无变化，到底是什么东西。

感悟：

好问是人的天性，孩子是提问题的专家，他们对周围的一切事物和现象都会关注，充满好奇，而且有强烈的求知欲望。《指南》中提出，教师要鼓励孩子根据观察或发现提出值得继续探究的问题。在"故事二"中可以看出孩子们对于水培的植物很感兴趣，在观察中孩子们会提出许多问题，我及时帮助孩子用相机记录他们的发现。而好奇心是孩子探索新知识的动力，是将来创造的种子。所以，我们一定要保护好孩子的好奇心，对于孩子提出的一个又一个的"为什么"，我们要充满耐心和爱心加以回答，不要流露出厌烦之意和不快之情。哪怕孩子提出的问题我们一时解答不了，也绝不能匆匆敷衍了事，更不能责备孩子多嘴，以免扼杀孩子的好奇心，我们要想方设法解决孩子的"为什么"，满足孩子的求知欲。对于有些问题教师不要急于解释，要充分给予孩子提问和讨论的权利，在教师引导、组织和参与下，孩子们互相交流，互相启发。同时鼓励他们继续观察、探究，支持孩子们在接触自然中积累有益的直接经验和感性认识。

　　《指南》中指出，幼儿科学学习的核心是"激发探究兴趣，体验探究过程，发展初步的探究能力，成人要充分利用自然和实际生活机会，注重引导幼儿通过直接感知、亲身体验和实际操作进行科学学习"。在幼儿园的一日生活中，教师应引领孩子亲近自然，喜欢观察与发现周围环境中有趣的事物和动植物，为孩子创设具有观赏性、趣味性、观察性和操作性的环境，使孩子能充分利用周围的自然环境和丰富的物质材料，进行欣赏、触摸、认识、观察和探索等活动。接下来，我们将会提供丰富的材料和适宜的工具，引导孩子们去探索植物的生长变化，让他们真正成为自然角的主动探索者、体验者，从中发现大自然的奥秘。

（刘　超）

鱼 乐 园

　　一天早晨,赵浩然小朋友从家里带来了一缸鱼,鱼缸是椭圆型的,6 条不同颜色的小鱼自由自在地游来游去。他把鱼缸放到了班级自然角中,拉着我去欣赏。"刘老师! 快来看看,我带了什么?"他激动地说着。"小鱼可真漂亮啊!"我说道。"那我请小朋友们一起看看吧!"没过一会孩子们都凑过来,看一看这些漂亮的鱼。有的说"我喜欢尾巴大大的鱼",有的说"我喜欢眼睛像灯笼一样的鱼"。我问道:"这些鱼都是一样的吗?"。有的说:"不一样! 你瞧! 他们的颜色都是不一样的! 看,这条白鱼的脑袋上还有一个红色的灯笼!"还有的说:"刘老师,你看你看,这条鱼的尾巴有三个!"……鱼缸前幼儿越来越多,孩子们发现有关于鱼的秘密也越来越多,产生的问题也越来越多。

事后我进行了反思：每学期孩子们都会带来小鱼投放到自然角中，幼儿都十分感兴趣，在观察鱼的时候也产生了很多的问题，比如小鱼的颜色一样吗？眼睛一样吗？尾巴是一样的吗？鱼鳍是一样的吗？生长的习性是一样的吗？又有哪些不同的种类？哪些适合在鱼缸里养？我们平时吃的鱼又是什么样子的呢？突然间，孩子们的问题逐一地出现在我脑海里，让我对鱼的观察和探究充满了好奇！

下午，我和孩子们一起进行了讨论：

教师：自然角中，你们想饲养什么小动物？

幼儿：我想养小狗。

教师：你们觉得合适吗？

幼儿：不合适，晚上小狗也需要照顾，它需要上厕所等等，我们晚上不在这。

教师：那饲养什么呢？

幼儿：我们养小鱼吧，今天赵浩然带来的小鱼很可爱！

教师：你们同意吗？

幼儿：同意，我家里有和他不一样的鱼，我也可以带来。

我也可以去苏宁百货，买一些大一点的鱼。

教师：那我们给饲养区取一个名字吧？

幼儿：鱼鱼世界、鱼乐园……

教师：你们喜欢哪一个？

幼儿：鱼乐园。

就这样，我们班级自然角中有了一个"鱼乐园"。在接下来的几天中，孩子们带来了很多的鱼，它们各不相同，我们在"鱼乐园"中进行了观察和探究。

活动一：鱼的分类

鱼乐园统计表

类　别	数　量

一天午饭后,孩子们正在观察自然角中的"鱼乐园",他们发现了鱼有不同的种类。

幼儿:"老师,我发现一条大黑鱼,太凶了,不能和它们住在一起!"

教师:"那怎么办呢?"

幼儿:"我们可以把一样的鱼放在一个'家'里,这样它们就不会打架了。"

教师:"那我们试试吧!"

我们找来了一个大盆,把所有的鱼都倒在了盆里,孩子们极有兴趣地捞鱼,相互间合作、细致地观察。这样的景象真是无法忘怀,每个孩子都全身心投入其中,乐此不疲。就这样,我们把鱼分好了。孩子们看着自己的劳动成果,满怀欣喜。也正是与鱼有了这样的亲密接触,孩子们在这一段时间里对鱼都非常地感兴趣,每天都会去观察、照顾。

活动二: 探究鱼的不同

孩子们将鱼分好类后,持续进行了观察。孩子们说道:"我们班级的鱼真多! 就像一个乐园。"我问道:"到底我们的'鱼乐园'里有几种不同的鱼呢? 这些鱼又是什么样子的?"随后,孩子们进行了细致地观察,有的发现了鱼尾巴的不同,有的种类的鱼尾巴是三片,有的是一片;有的发现了鱼眼睛的不同,等等。我们的探究活动就这样开始了,孩子们仔细观察,把观察到的内容记录在记录表上。孩子们经过细致地观察,从颜色、眼睛、尾巴、头顶、鱼鳍等不同部位进行了探究和了解。

活动三: 生活中能吃的鱼

经过一周时间,孩子们对鱼有了深入地了解和认知,也知道了饲养的鱼是属于观赏鱼,是不能够食用的。平日里,孩子们吃的鱼都是加工好的,他们认识这些鱼吗? 这些鱼又是什么样子的?

接下来我和孩子们围绕我们生活中吃的鱼展开了讨论:

教师:你喜欢吃什么鱼? 叫什么名字?

幼儿:我喜欢吃鲫鱼,可是我没见过完整的,只是吃过肉。

教师:那我们明天搜集一些鲫鱼的照片看看,到底是什么样子的?

幼儿:我们也养条鲫鱼吧!

幼儿:不能养! 吃的鱼养了会死的!

教师：是吗？今天回家请你们搜集一些资料，明天告诉刘老师到底鲫鱼能不能养？

第二天，有一个孩子真的从家里带来了一条鲫鱼，孩子们特别感兴趣，了解了原来我们平时吃的鲫鱼是这样的。几天后，鲫鱼死了，孩子们了解到，是因为没有充足的氧气，它不适合饲养，我们为小鲫鱼举行了葬礼。

通过这三个活动，孩子们对平日生活里常见的鱼进行了探究。孩子们获得了许多的经验：认识了很多观赏鱼，了解了鱼的不同，同时也认识了生活中能吃的鱼，以及观赏鱼与能吃的鱼之间的区别等等。这些经验都是孩子们自己在探索过程中获得的。

活动中的感悟：

一、观察源于幼儿的生活和兴趣

著名教育家陶行知先生说过："生活即教育，教育即生活。"鱼是孩子们在生活中最常见，也是幼儿园饲养最多的动物。孩子们对于鱼是十分喜爱的，对于鱼儿自由自在地在水中游动的景象，是很喜欢去欣赏和观察的。我们幼儿园里常见的是观赏的鱼,生活中孩子们吃的鱼又是什么样子的?和观赏的鱼又有什么不同之处呢?通过观察引发了孩子们对于鱼的各种各样有趣问题的思考,通过观察引发了孩子们对切身生活的感受。观察不是随意的,应源于生活,回归生活,源于兴趣,又能激发起他们的兴趣。

二、基于幼儿的需求,开展持续的探究

围绕"鱼乐园"的观察、探究活动我们一直在持续地进行,孩子们探究之旅充满了乐趣,因为这些活动是源于孩子提出的问题和兴趣,是孩子想要知道的答案。从观赏、观察观赏鱼——鱼的分类——细致的观察——生活中吃的鱼——观察探究,这样的一个过程,是在孩子们不断地提出问题及产生的浓厚兴趣的过程中所萌发的,是基于孩子们的强烈需求。在这样的活动中,我看到了孩子们的兴趣,看到了孩子们的需要,看到了孩子们对于知识的渴望,更看到了对于鱼这样一种常见动物观察的内在价值。我想这样的探究活动我们还并未结束,后面还要继续,对于鱼还有很多的问题等待我们去探寻答案。

(刘　悦)

做怀表兔子庄园的主人

【怀表兔子庄园诞生啦】

　　几天前的讲故事时间,孩子们听了《爱丽丝梦游仙境》的故事,对故事中那只揣着怀表、会说话的兔子情有独钟,有几个孩子立即表示"我们养兔子吧"。他们的提议也得到了其他幼儿的支持,于是自然角饲养区养哪种动物很快就确定了。甚至将自然角的名字都想好了,就叫"怀表兔子的庄园"。既然叫庄园,自然少不了美美的植物,于是孩子们又如火如荼地展开了讨论,"要带些什么植物来呢?""带的植物不够怎么办?""我们可以再自己种一些啊!"原本一个简单的饲养讨论会,孩子们兴趣高涨,很快就把如何布置自然角的基本方案确定了下来。

在"盖房子"主题下的一节集体活动"动物朋友的房子"中,豆豆突然说:"老师,小白、小灰(兔子)它们的房子太小了,我们能不能给它们建造一个大房子呀?"我突然意识到这是一个良好的教育契机,于是在征求了其他孩子的意见后,自然角"兔子公寓"的打造开始了。孩子们利用区域游戏的时间,美工区的孩子合作绘制公寓的设计图,建构区的孩子选择了清水积木和废纸板根据以往搭建的经验开始尝试搭建……"不对不对! 还要再往旁边放一些,不然小兔子出不来了!""这个纸板太薄了,看! 都开始晃了!"……孩子们乐此不疲,经过了一次次的尝试,一周后两座"兔子公寓"终于完工了! 添添对涵涵说:"兔子公寓只有这几只小兔子太孤单了,我们再做些小兔子怎么样?"她们和美工区的孩子跑来让我教她们做兔子,我引导他们是不是可以回去邀请爸爸妈妈一起参与我们的活动,尝试做出不同的兔子呢? 在那几天,我陆陆续续收到了各种可爱的小兔子,有用废旧纸杯做的、有用纸黏土和油泥做的、有用纸筒做的……很快,我们的"怀表兔子庄园"就诞生啦!

【请让我来照顾你】

在决定饲养小兔子后,我特意告诉他们:"照顾小兔子可不是一天两天的事情哦! 每天都要给小兔子喂食、喂水、清理粪便、打扫兔子的家……"木子站起来说:"我们可以轮流照顾它们! 对了,我们可以轮流当值日生!""对呀! 对呀! 选值日生。"小朋友们都觉得这是一个好主意。"那值日生怎么排呢?"我们班的"工科男"果果说:"可以按照小组来呀,每个小组照顾兔子一个星期!""这个方法好! 我同意!"大典突然又说,"那放假的时候怎么办呢？没人照顾小兔子，小兔子一定会饿坏的！"
"我愿意带回家！""我也愿意！"孩子们争相表态。
经过讨论，最后孩子们达成共识：每个小组轮流
当一周值日生，并且照顾小兔子最用心的两个小
朋友可以周末将小兔子带回家照顾。从那以后，
为了得到周末照顾兔子的机会，值日的孩子一大
早就早早过来给兔子喂食、打扫兔笼，每天放学
也是将小兔子照顾好后才依依不舍地回家……

【小白离世风波】

晨间接待的时候，嘟嘟突然冲了过来一边哭一边对我说："钱老师，小
白……小白不动了……它死了！"听到这个消息，我和孩子们一起跑到"兔子
公寓"查看情况，果然，小白永远离开了我们，这一天孩子们的情绪都很低
落。为了帮助孩子们寻找到小白突然离世的原因，也为了避免这样的事情
再度发生，第二天利用晨间谈话的时间，我们展开了一次讨论。"外面风那
么大，小白会不会是着凉了？""肯定是小白吃了有毒的食物！""小白可能是
撑死的！我看到他们给小白喂了好多好多的青菜！"……那一天我给孩子
们布置了一个作业：和爸爸妈妈一起寻找小白死亡的原因，并思考应该如
何更好地照顾它们？第二天我收到了孩子们的字条，我将每一个人的建议
进行总结并公示，原来荷兰兔的消化系统很脆弱，不能吃带水的食物，吃了
兔粮要喝水，但吃蔬菜就不能喝水，6个月以下的兔宝宝不能吃蔬菜。至
此，小白死亡的真相终于弄明白了……孩子们知道了这些知识之后，迅速
更改了小兔子的"食谱"……

【写在后面的感悟】

在长时间的观察和实践中,我发现,我们很多班级的自然角常常处于一个很尴尬的境地:常常是教师一手布置,孩子们刚开始会感觉到新鲜,时间长了,自然角也就成为了摆设。究其原因,是教师、家长表现出全面的包办代替——代替孩子思考、代替孩子动手操作,孩子们在其中积极主动的观察少之又少。为什么我们不能够放手让孩子真正成为自然角的主人呢?

一、相信孩子的力量

我始终坚信一句话:"孩子远比我们想象的能干得多!"自然角的创设就像是一件工作,当我们把这件工作交给孩子,以孩子为主体、遵从孩子的意愿,才能发挥自然角最大的教育功能。孩子们可以从自己的已有经验中寻找到自然角的创设素材——怀表兔子,能够利用主题活动中的经验来给小兔子盖房子,能够学会分工合作来管理自然角……这都是孩子的力量,教师首先需要做的就是相信他们!

二、将主动权还给孩子

在"怀表兔子的庄园"里,我们始终强调的是:孩子是这里的主人!而这样的一个认知是让我们将主动权还给孩子,我们可以直观地发现,当我们将主动权交给了孩子,借助孩子的视角去发现问题,再帮助孩子一起想办法解决问题的时候,我们自然角里的各个区域也就慢慢呈现出来啦,不需要我们的老师再去绞尽脑汁思考种什么? 养什么? 做什么实验? 我们的孩子对于自然界的一切都充满着好奇,而我们老师要做的就是激起他们的好奇心,并带着孩子在实践中运用科学的方法、规律、行为来进行探究,从而形成科学的态度和品质,这才是我们自然角设置的目的。

三、孩子的参与必不可少

想要让孩子真正主动关注自然角,我认为孩子一定要亲自参与其中,无论是自然角的创建、管理还是观察和探索。他们根据自己的兴趣和想法布置出来的自然角才会是孩子自己的东西,里面包含着他们的想法,让他们意识到自己才是自然角真正的小主人。自然角也像一个小小工坊,我们的孩子在这里自己制定管理规则并主动执行,想要让孩子真正能够参与自然角的管理,有一个很重要的核心,那就是孩子们自身对于管理机制是否认可。当孩子们真正认可该管理机制,又或者这个管理机制本身就由孩子自己讨论得出，那在自然角的管理维护中，孩子们的参与度自然就高了。孩子们会更愿意、更主动地参与到自然角的管理中来，也在这个过程中提高了他们的动手能力和责任感。

《3—6岁儿童学习与发展指南》中提出："幼儿科学学习的核心是激发探究兴趣，体验探究过程，发展初步的探究能力。"在观察的过程中，孩子能不断地发现问题、提出问题，我们支持孩子通过实验、观察的方式来解决问题。孩子在这样喂养、照料等直接的体验中，学习观察动植物的生长过程，理解生命循环的特点，知道了生命发育、成长和死亡的过程。

四、教师给予怎样的支持

那教师在其中又扮演怎样的角色呢？首先我们是孩子的支持者，孩子想要营造怀表兔子的庄园，我们鼓励并提供经验上、物质上的支持，我们为孩子提供《会长大的书》观察记录来支持孩子们在自然角的探索；其次我们是孩子的引导者，在小白离世风波中，我们引导孩子去追寻小白死亡的原因，在孩子对植物中水分去哪了产生疑惑时，我们引导孩子运用实验的方式去揭开疑惑；最后，我们是孩子的观察者，我们观察孩子们在自然角活动中的发现、探索、行为……将这些记录下来进行专业的分析，将活动再优化，发挥自然角最大的教育功能！

（钱玉娴）

青葱一角 悠悠春来

在幼儿园里,自然角是孩子们了解、认识自然的窗口,是孩子们探索、观察动植物的有利场所。对 3—6 岁的孩子来说,环境应该是充满植物、充满生机、充满游戏的。根据孩子们的兴趣和问题,我们大一班精心创设,让自然角富有艺术性、探索性、参与性,打造了这个适合本年龄段孩子们观赏、探究、发现、记录的环境。

大一班自然角——缤纷荟。这里是春天的秘密花园,在这里孩子们可以在茶馆里坐坐,点杯茶,欣赏着美景。饲养区里住着悠闲的小蜗牛,种植区有水、土、沙等种植方式的土豆,观赏区里有漂亮的花,工具区里我们提供了多种可供幼儿观察探索的工具,两个书架上摆放了关于春天、蜗牛等的书籍和各种观察记录表格,结合季节特点,特色区里我们摆放了许多蝴蝶标本,整个花园点缀着幼儿绘制的蝴蝶,在休闲区孩子们可以悠闲地荡着秋千。

歪歪扭扭的特大号蜗牛:

前期为了布置饲养区,我们邀请孩子和家长一起在小区、公园等地寻找小蜗牛。有一天丞丞带来了一只大蜗牛,顿时吸引了很多同伴的目光,"快看,我这个是无敌特大号蜗牛,都没见过吧!"这个"大明星"一下子成了孩子们关注的焦点,大家在那七嘴八舌地议论起它来。魏斯理说:"这只蜗牛好大呀,你看它的壳还是渐变色的呢,一圈一圈的。"丞丞说:"我这蜗牛太大了,壳很重,才害它爬得那么慢,看来要减肥了。"刘子涵说:"快看,蜗牛爬过的地方有一条线!""哎,我怎么没看到,有线吗?我只知道它走路歪歪扭扭的,像喝醉了一样。"坤坤边说边学着喝醉的样子。"有线的,有线的,而且还是一条摸上去黏黏的线。"乐乐抢着说。

感悟：

《3—6岁儿童学习与发展指南》中说到，"对自己感兴趣的问题总是刨根问底"。镜头一中可以发现，孩子们对"蜗牛的行进路线"充满了一肚子的小问号，有线？没线？怎么走路的？会留下印记吗？留下什么样的印记？我们通过"采访小蜗牛"这一活动，梳理了大家的困惑。为了调查清楚事情的真相，我向小记者们提供了一些有趣的探究工具，放大镜、镊子用上了以后，大家发现蜗牛确实会留下印记，只是看得不是很清楚。我继续抛出问题，"用什么办法能让大家清晰地观察它的行进路线呢？"孩子们陷入了思考，"可以借助哪些材料呢？"我继续说。"哦，我知道了，前几天我们都把蜗牛放在白色的纸上，这样看得不明显，那我们把它放在黑色的纸上不就好了吗？"兴兴很兴奋地说。"是啊，最好纸是比较硬和平整的。"青青补充道。"说的不就是它嘛，那让我们试一试吧！"边说我边拿起不远处的一张黑色卡纸。孩子们充满了好奇心和探究的积极性，用实际验证了猜测，并及时用图画和符号记录了自己的发现。

如何摆放多余的花：

因为要打造春天的秘密花园，所以孩子们从家里带来了很多漂亮的植物，整个花架被塞得满满当当，有的花盆甚至被不得已地放在了角落，这可把米乐和点点急坏了，"老师，这是我带的长寿花，它可以活很长的时间，可是你看它连家都没有了"。"是啊,还有我这一盆蝴蝶花,我现在不知道放哪里去好了。"

感悟:

镜头二中我们遇到了一个小难题,怎么样处理这些多余的花? 孩子们进行了一番讨论。粽粽说:"既然放不下了,那就请爷爷奶奶把多余的带回家呗!"这个建议立刻得到了小白的反驳:"这些漂亮的花都是用来装饰我们自然角的,肯定是越多越好呀,都带到幼儿园了,肯定不能再带回家。""那有什么好办法合理地安排它们的位置呢? 而且你看,这些花盆又有大的又有小的的。"我把困难摆在大家面前。

"我们可以再买一个小花架呀。"苗苗说。"而且我们还可以把这些大大小小的花盆区分开来,大的放在花架上,小的我们可以摆在草坪的周围。"沈石说。这个想法立刻得到了大家的响应,大家都觉得这是个好办法,既解决了植物无处安放的问题又可以装饰我们的自然角,何乐而不为呢?

今天你喝过水了吗？

大一班漂亮的"缤纷荟"自然角从上线以来，得到了孩子们极大的关注，很多孩子每天来幼儿园，第一件事就是去"缤纷荟"里看看这些花花草草、小动物，浇浇水喂喂食。可是时间一长我们就发现了新的问题，有的植物没过几天就蔫儿了，还有的花盆四周到处都是水，还有一次豆豆告诉我，他看到贝贝又给他刚浇过的花浇了一遍水。

感悟：

教师要善于引导、支持和鼓励幼儿积极动手、动脑找出解决问题的方法。那么如何区分哪些花浇过水哪些花没浇过水呢？孩子们进行了一番讨论，第一种意见，每人负责自己的花。每天浇花任务由值日生负责，这样他知道花有没有浇水，这是第二种意见。第三种意见是我们可以做一个标记牌，这样就能很好地区分。讨论过后孩子们进行了投票，赞同第三种意见的孩子最多，商议得出可以插一些标记牌作为提示，既简单又明了。

175

写在后面：

在香幼，自然角环境创设、自然角中的探究与学习也是我园重要的课程内容之一。秉承"在泥土香中自由呼吸，在书香中浸润心灵"的理念，从孩子的兴趣、从孩子的视角出发，我们班生发了很多关于种植、养殖的问题。非常庆幸幼儿园有这样一个非常好的氛围，让我们发挥自己的创意与智慧打造属于自己班级的青葱一角小天地。法国教育家卢梭说："回到自然，那才是儿童应该去的地方。"《纲要》明确指出："充分利用自然资源，扩展幼儿生活和学习的空间。"《幼儿园教育指南》中提出："亲近大自然，探索大自然，了解人与自然的关系，关注生活环境，珍惜自然资源。"自然角，能够更直接为孩子们的自主探索提供支持，真正发挥其内在的教育价值。

"多鼓励"

孩子们在自然角的建设过程中，一直处于主动状态，自主地去探究，迸发出很多创造的火花，孩子们的感官能力丰富，容易对直观性的东西感兴趣，虽然遇到了一些困难，但孩子们没有气馁，选择用多种方式去尝试解决问题。

对于教师：我们要拓展幼儿的思维，让他们的创造潜能得到充分的发挥，而不是跟随着教师的思维方式去寻找某个问题的固定的唯一的答案，让他们在亲历科学探究的过程中体验科学发现的乐趣。

"多记录"

科学要有系统地观察与实验，我们对于观察结果，要随时记录下来。让幼儿用自己喜欢的方式记录下实验结果，这就是让幼儿体验创新的过程，所以我们要求幼儿能使用简单的图画、数字或其他符号记录他们的所见所闻。

对于教师：在观察活动中，教师要引导幼儿把实验的现象、结果用自己的方式记录下来，并向同伴讲述自己的发现，并就某些问题展开交流讨论，这对提高幼儿与他人的交流能力十分重要，同时也有助于幼儿加深对所学内容的理解和认识，学会合作学习。

"多操作"

学习就是探索、实践的过程，发现其中的有趣和奇妙，有益于保持他们的好奇心，激发他们的探究热情，讨论、尝试、反思、再调整，孩子在不断深化的过程中完成对动植物进一步的认识。

对于教师：培养孩子创新意识是让孩子想别人想不到的，做别人做不出来的，要创新，就要让孩子动手去做，做出自已所设想的才是富有时代意义的创新。生活中孩子的奇思妙想很多，只有让孩子们感受到他们的新发现是通过自己的探究实践得到结果和找到答案，他们才能真正体验到发现的乐趣、成功的快乐。

"多合作"

大班孩子的抽象思维已经开始萌芽，观察、质疑、合作能力开始了稳步的发展。他们在科学活动中的探究会是一个比较完整的过程：提出问题——观察探索——思考猜测——调整验证——收集信息——得出结论——合作交流。

对于教师：创设需要同伴间合作的环境，教给孩子合作的方法，让孩子体会到合作后的积极效果，对孩子进行及时鼓励和引导等。

我们希望让自然角与孩子们零距离接触，在互动碰撞中激发孩子们的好奇心，潜移默化地进行情感教育、审美熏陶。在城市森林里，在泥土香中自由呼吸，让自然角真正成为孩子们观察探究、学习科学、走进自然的一个多彩空间。

（魏　婷）

一园萝卜成了精

春天是一缕轻轻吟唱的和风，一捧温暖明亮的阳光；春天是青青草尖上的一颗露珠，红红花朵上的一抹彩霞；春天是稚气的孩子们天真地打扮着的班级的"香草园"。

故事一：

香草园里该种些什么呢？大家讨论之后，种萝卜的活动开始啦！首先我们需要一些土壤，我带着孩子们来到操场边挑选土壤，我问孩子："你们觉得什么样的土壤适合我们的洋花萝卜的生长呢？"孩子们七嘴八舌地给起了意见，"软软的土壤""没有石头的土壤"等等。我说："好吧，现在你们在这取一些你们认为好的土壤吧！"孩子们开心极了，兴致勃勃地用小工具这边挖挖，那边铲铲，忽然有人叫道："老师，看，有只小虫子！"于是孩子们三两个拥了过去，议论起这位"小客人"来。果果说："这是什么虫子，你们知道吗？"阿衡说："可能是毛毛虫"。朵朵说："应该是蚯蚓吧！"柔柔说："一动一动地好可怕啊！"果果说："我来踩死它！"说着将脚抬起。我说："别伤害它，我们看看它在干嘛？"于是大家专注地盯着这只小蚯蚓，只见它在土里钻进去又钻出来，有个孩子开心地叫道："它在帮我们松土呢！真好玩。"我趁机说："是啊，土壤就是小蚯蚓的家，它能帮小植物松土，小蚯蚓很勤劳，对我们是有益的！小朋友们，我们应该怎样对待它呢？""让它回家""不打扰它""保护它"……孩子们热烈地议论着。

故事二：

孩子们早上来的第一件事情就是去给自己的洋花萝卜浇水。乔乔大声地喊着："老师，我的洋花萝卜长出了两片小绿叶，只有我的有绿叶。"乔乔开心地笑着对小朋友说："你们看啊。只有我的有绿叶"。其他的孩子一脸沮丧。我问乔乔:"你的洋花萝卜怎么长得这么快?"乔乔说:"我每天给它浇水、晒太阳、除草,和它说悄悄话让它快快长大。"孩子们满脸认真的表情说:"我也要天天照顾我的洋花萝卜。"我说:"它就像个小宝宝一样,需要爸爸妈妈的呵护。每棵洋花萝卜都不一样,我们需要耐心照顾和等待。它们的成长需要过程,需要你们细心地呵护和陪伴,它才会长出最嫩的叶子。"孩子们瞬间有了动力,高兴地说:"好。"

故事三:

天气渐渐暖和起来,孩子们照顾了一段时间的洋花萝卜宝宝,孩子们变得没有之前那么有积极性了。孩子们每天上午照顾洋花萝卜,可是到了下午洋花萝卜有的缺水分,有的水却很多。在孩子自由活动时间、午餐前后,我就鼓励孩子们分组去照顾洋花萝卜。在观察中就发现孩子们的浇水方式不对,元宝小朋友拿着喷水壶给自己的洋花萝卜喷了一次水,然后就给旁边小朋友的洋花萝卜喷水了,哈哈小朋友使劲地给他的洋花萝卜喷水。我将他们浇水的视频拍下来,放给孩子们看,并进行讨论。又让他们回家后和爸爸妈妈一起去农庄询问专家正确给蔬菜浇水的方式。有些孩子和爸妈去蔬菜研究基地研究蔬菜的喜水程度。孩子们很感兴趣,经过一段时间的研究、总结,大家发现浇水也有一定的学问,最后制定了一套浇水方案,给洋花萝卜宝宝喝水制作了浇水记录表,每次喷水 3—5 次,喷完水就贴上水滴标记。浇水记录表成为激励孩子们浇水的动力,大家通过记录表看出谁今天忘记浇水了。渐渐地,浇水成为了孩子每天必不可少的一件事,成为孩子的职责。

故事四:

随着时间的推移,我们种的洋花萝卜个个长出茂密的绿叶,孩子们去观察时,大家都很开心地说着:"我们的洋花萝卜都长出叶子啦!"美丽小朋友说:"那是因为我们每个人都细心地照顾它们,它们才长出叶子的。"我笑着说:"美丽说得对,只有辛勤劳动的人才会收获香甜的果实。"孩子们七嘴八舌地说,"我的洋花萝卜叶子是这样的""我的有五片叶子""我的有四片叶子""不知道我的洋花萝卜长多大了""我吃过洋花萝卜的,甜甜的酸酸的""我也吃过的""我也吃过的"……我对他们说:"孩子们你们观察得很仔细,说得也很好,都有自己的看法,再过些日子我们一起收获我们的洋花萝卜,好吗?"孩子们脸上洋溢着欣喜的表情,激动得停不下来。

我们的感悟:

在进行这一系列的活动中,可以看出孩子们的好奇心和求知欲,同时也伴有疏离、对待萝卜的方法不一等现象。对于一位幼儿园小班的孩子来说,接触自然是他们初步的尝试,亲近自然是他们可遇不可求的现实,照顾自然中的一切是他们的期待,这一切不是短时间就可以完成的,它需要一个长期亲身体验的过程。从他们发现一只"小虫"。可以看出每个孩子的个性和对待事情的态度及认知;从发现第一棵洋花萝卜长出了叶子,可以看出孩子们有颗上进的心;从孩子们使用工具、照顾植物的方式方法上,可以看出孩子们生活中经验的缺乏。经过一段时间对植物的照顾,孩子们感受到了收获的幸福和喜悦,体验到了付出就有回报的道理。

一、在幼儿和自然的接触中,"顺导其志趣,调理其性情"

在幼儿与大自然的亲近中,教师观察发现幼儿的种植兴趣和对种植的渴望,并将其作为教育的生长点,让教育的目标与幼儿的兴趣一致。从开始种植,到蔬菜的成长,孩子们在不断地观察、比较、发现、探索,通过与环境的相互作用,学习能力得到了提高,种植的兴趣也在不断提升,活动一步一步地被引向深入,幼儿的经验得到提升,"香草园"成为孩子快乐的源泉,成为教育活动的活教材。

二、带给孩子更多的成长空间,满足他们多方发展的需要

孩子们天天与昆虫、蚂蚁、小花、小草对话玩耍,这才是真正的童年时光。在孩子们的积极探索、主动学习等良好习惯养成后,他们才会更轻松地学习更多的知识。"香草园"也给予了孩子探究和学习的空间,在与自然亲密接触中,看似不经意的一只小虫,激发了孩子的探索学习的兴趣,也是生成系列昆虫活动的有趣对象。它的形态如何? 它有哪些生活习性? ……孩子的体验、感受丰富了,理解、思维能力也不断提高了,而且爱自然的孩子也能以一颗宽容的心对待小虫,对待一切事物。孩子从小拥有一颗充满爱、懂得感激的心,这将是其一生的财富。

三、肯定孩子,引导孩子同伴间的相互激励,增强自信心和上进心

孩子的探索、发现、收获,我们都要给予肯定。鼓励的语言、赞许的目光,对于孩子来说都是一种激励,孩子会更加细心、努力去关心照料自己的

萝卜。孩子间相互学习,也能促进孩子的自尊心和上进心,从而更加努力地去完成任务。同时,为孩子提供更多的表现机会,使孩子们拥有成就感,增强自信心。而成功与自信又会促进孩子自主发展并保持对某一事物的兴趣性,使之不断探索再获成功,从而形成一个良性循环。

四、教师是幼儿的支持者、合作者、引导者

孩子很喜欢做事,观察新鲜事物,但持续性不强。孩子需要教师的帮助,但教师不应像"纤夫"那样主宰幼儿发展的方向,应该是在孩子已有认识经验的基础上,为孩子的成长提供适宜的环境,并给予有效的引导和建议,让幼儿从自己的经历、体验中成长。在孩子们持续性变弱后,教师利用孩子自由活动、午餐前后时间,鼓励孩子给洋花萝卜浇水,重新燃起孩子对蔬菜的关心和照顾的热情。大家共同讨论并进行实践,正确总结洋花萝卜喝水的方式方法,并制定了一张洋花萝卜喝水记录表,让孩子们浇水时学会记录。孩子们年龄较小,他们平时受到家人的关爱较多,让他们去照顾别人不是一件简单的事情,教师应该正确引导,让孩子懂得照顾别人。教师不断支持孩子,陪伴孩子,及时引导孩子通过观察、尝试、请求家人的帮助,寻找、发现共同制定一套合理的方案,帮助萝卜健康快乐成长。"以幼儿为本",促进孩子自我成长、自主发展。

五、给孩子一个快乐而有意义的童年

孩子用自己的五官、四肢去接触和感受多姿多彩的自然,在对自然的观察与了解中激发其探索欲望,在探索与发现中形成自己生动的思想。"香草园"成了孩子最喜欢的一本百科全书。对生物和美的事物的关爱,逐渐融入孩子的生活。自由活动时间,午餐前后,孩子们为植物除草、浇水、测量和喂养小动物;学习活动时,他们像"小小自然科学家"一样观察讨论发现花草树木及小动物。在宽松、自由、自主的空间和环境中,享受着乐趣,获得了经验,收获了成长。

(温 芯)

爱喝水的红掌

大自然永远都是孩子们学习的最佳乐园,每一个孩子都能在一年四季中发现自然的秘密,谱写出属于自己的心情故事。为了把大自然带到身边,让孩子们能每天观察大自然中的细微变化,感受大自然的秘密,每一个班级都会创设一片具有自己班级特色的自然角。孩子们在这一方小小的自然天地中,可以自由畅想、自在玩耍、自主探究,由一个自然小角落,激发出对大自然的无限喜爱。我们的故事,也将从这里开始⋯⋯

喝几滴水

"小角落 大世界"已然成为我们班最受欢迎的一角。每天家长来往接送时间,总能看见大大小小忙碌的身影,家长往返于卫生间为养殖的水生小动物换水,孩子们手持水壶为花卉、萝卜浇水,看着他们满脸幸福的笑,我们也很开心,这一片小天地的打造,拉近了亲子与家园之间的距离,让我们变得更加和谐友爱。

可是,没过几天,就有孩子跑来说:"老师,你看花盆里的水都要洒出来了!"原来,在孩子们的辛勤浇灌下,我们的花和萝卜都喝了太多的水了,再这样下去,这些可爱的植物就要被淹死了。于是,为了更好地照顾这些可爱的植物,我们做了个关于"喝几滴水"的讨论。

"我们每天每个小朋友都去自然角浇水,里面的花和萝卜它们能喝得下吗?"

"不能!"

"那该怎么办呢？每次给它们喝几滴水呢？""有些花喝的水比较多,我们可以怎样去浇水？有些花喝的水少,我们又该怎么办呢？"

"我知道了!每次少浇几滴水!"

"可以隔一天浇一次!"

"可以一组小朋友浇一种花!"……

看着孩子们一张张争先恐后献策的小脸,我由衷地感到欣慰,他们是真的很爱我们的自然角,也很想参与其中,为了让每个孩子,每天都能参与到照料植物的过程中,于是我提出了给自然角插上"喝几滴水"标识牌的建议,孩子们都表示赞同。

"喝水不多的多肉植物、长寿花、蝴蝶兰和蟹爪兰,我们该画几个小水滴呢？"

"一滴!"

"其他爱喝水的红掌、萝卜、海棠花,需要画几个小水滴？"

"两滴!"

就这样,我们为每一种花和萝卜都插上了"喝几滴水"的提示牌,孩子们也都能自在安心地在这里尽情照顾它们了!

爱喝水的红掌

"老师老师,我发现一个问题!"一天颖儿急匆匆地找我。

"什么问题呀?"我笑眯眯地看着她。

"为什么这一盆红掌是种在土里的,而这一盆红掌却是长在水里的呀?"

随着颖儿的一句提问,孩子们都围扰了过来。虽然心里有些窃喜,但我还是故意发问:"我也不知道啊,那你觉得是为什么呢?"

"我觉得是因为老师浇水浇多了,你们看,红掌的根上还有好多土呢!"

"不对不对,我觉得是因为老师没挖到土,所以才先用水养着的!"

"不对,你们都不对,应该是因为花盆没有了,你们看,只有这个花盆是透明的,其他的都不是!"

孩子们你一言我一语,激烈地争论着,谁也不让谁,这时不知谁说了一句:"你们都错了,你们忘了有些花是长在水里的吗?"

孩子们突然安静了下来,而我则惊喜地发现,原来我们班的孩子已经初步了解了水培的概念。那为什么不再接再厉,让孩子们多多思考,争取让孩子们自己找出答案呢?于是我又故意地问:"可是这红掌怎么可以既长在土里,又长在水里呢,这不对呀?"

孩子们突然就不说话了。我这才意识到,我刚刚这一句将孩子们之前的猜想全都否定了,有些打击他们的自信心,从而不敢大胆表达自己的想法了。于是,我又换了个说法:"我们都知道植物的生长是需要阳光、土壤和水分的,水少了就容易枯死,水多了又容易淹死。可是红掌好神奇呀,居然可以在土里生长,也可以在水里生长,它难道不怕被淹死吗?"

说完,孩子们都做思考状,没有一个孩子敢说话了,我刚准备再继续引导时,阿宝突然跑到我跟前说:"老师,我想起来了,阿婆带我去买红掌时说过,红掌每天都要喝好多水,养在土里就要给它不停地浇水,养在水里,就不怕它渴了,可以好几天添一次水。"

我一听,高兴极了,说:"阿宝说得很棒,红掌一天要喝很多水,养在土里,就需要我们一天浇很多的水,可是水浇在土里,我们不能很好地控制,但是养在水里,我们就不怕了,这种长在水里的植物,我们叫它水培植物。红掌因为需水量大,所以可以水培,但不是每一种植物都可以水培的哦。"

"哦!原来红掌是水培植物啊,真厉害!"

"老师,还有什么别的水培植物吗?"

"我知道我知道！山芋是可以水培的！上学期我们做过这个实验！"嘉嘉说道。

"嘉嘉很棒，记得可真清楚！上学期我们在土里和水里都种了山芋，对比叶子的长度。"

"还有绿萝，教室里的绿萝是种在土里的，但是挂在墙上的，是养在水里的！"

"棒棒观察得真仔细，说的很对哦！"

既然孩子们兴趣这么浓，那为什么不借着这个机会做一个亲子知识拓展的活动呢？"其实，大自然中的水培植物还有很多，需要你们仔细地用眼睛去观察、去发现。这样，今天我们回家后，大家和爸爸妈妈一起寻找水培植物，明天我们来一个水培植物知识大比拼，请大家一起说说看谁知道的水培植物多，好不好？"

"好！"

孩子们听完，开心地你看看我，我看看你，又一同看向了种在土里和水里的红掌，嘴巴里还在说着什么……

我们的感悟：

陈鹤琴先生提出："要了解儿童心理，认识儿童，才能谈到教育儿童，这是活的教育，而不是死的教育。"由此可知，要教育好儿童，必须要懂得儿童心理，从孩子们的角度思考，不能把我们成人的思想简单灌输给孩子。要善于发现和保护孩子们的好奇心，充分利用自然和实际生活机会，发展他们初步的探究能力，关注他们自主发现的问题，引领他们在观察、对比中分析问题,提升他们解决问题的能力。

一、抓住教育契机,提升解决问题的能力

孩子一个简单的发现,却能引发出一系列的探索、发现活动,这就是"生活即教育""课程来源于生活"。从孩子们熟悉的自身周边出发,随意一个点,便可生发出不同的教育活动。有些活动虽然是孩子熟悉的,但孩子们真正去探究时,又能发现一个又一个未知的知识点;而有些活动是孩子们较陌生的,孩子们却又能通过自身经验迁移或衍生,产生独特的自我理解的方式。

如"喝几滴水"的故事中,前期并未告知孩子们如何正确为植物浇水,这是我们的疏忽,但谁又能说它不是一个契机呢?将错就错,维持孩子们高度的积极性,期待孩子们能发现问题,从而来寻求帮助。果不其然,没多久便有孩子发现了,水浇多了,由此引发出关于了"喝几滴水"的讨论与标识牌的生成。鼓励孩子大胆想象与尝试,充分发挥孩子的主动性,引导他们逐步去联想、去迁移经验,从而收获答案,这是把孩子们放在教育主体中的体现。这一探究过程,不仅仅是发现问题、寻找答案,更重要的是,孩子全程参与其中,发挥主人翁意识,一步一步通过自己的想象与实践去解决问题,获得的成就感与宝贵的解决问题的经验才是他们最需要的。

二、发挥引领作用,发展自主探究的能力

《3—6岁儿童学习与发展指南》中提出:"我们应注重引导幼儿通过直接感知、亲身体验和实际操作进行科学学习,而不应为追求知识和技能的掌握,对幼儿进行灌输和强化训练。"特别是小班孩子,他们喜欢接触新事物,经常问一些与新事物有关的问题,而且常常动手动脑探索物体和材料,并乐在其中。所以我们要有意识地引导幼儿观察周围事物,学习观察的基本方法,发展他们的观察与实践探究能力。

"爱喝水的红掌"这个主题活动,呈现了土培与水培两种培育方式,土培是孩子们熟悉的种植方式,可水培对孩子们却是陌生的,但经过一轮一轮的提示,孩子迁移生活中"喝水多少"的经验,得知红掌需水量大,所以可以水培,这对他们来说又是新一轮的知识、经验储备。在关于更多水培植物的讨论中,孩子们又能回忆起之前关于土培、水培山芋的经历,又能细致观察到班级内桌上与墙上土培与水培的绿萝,由此可知,孩子们已有一定的观察发现的能力,同时有意识地开始自主寻找解决问题的方法。对孩子自发的观察活动,对其发现应表示赞赏。并通过提问等方式引导孩子思考并对事物进行比较观察,引导孩子在观察和探索的基础上,尝试进行简单的分类、概括。我们要大力支持和鼓励幼儿在探究的过程中积极动手动脑寻找答案或解决问题。

三、让"自然角"成为初探世界的窗口

自然角的创设,旨在为孩子提供自由的随机观察和探索自然的机会,让孩子们能够多感官地接触和感受大自然的奇妙。自然角还能让孩子初步了解生物与自然界的种种变化的关系,发现小小的变化,懂得大大的"世界万物都在不停地发生着变化"这一道理。走进"自然角",亲近大自然,初探未知的世界万物,小小"自然角",映射的却是整个大世界。见微知著,以小见大,不正是我们幼教的精髓吗?

（邢雅韵）

静 待 花 开

我们的故事：

一、花儿的秘密从这里开始

三月花香浓郁，我们开展了以"Happy 女神节——爱的花朵"为主题的活动。孩子们给心目中的"女神"送上祝福，"女神们"用甜甜的吻和暖暖的拥抱回应孩子们。活动结束后，孩子们意犹未尽，滔滔不绝地和同伴一起分享活动的喜悦。

"玫瑰花真好看。"

"我妈妈就很喜欢花。"

"我把花送给了奶奶，因为奶奶天天烧饭给我吃。"

"她们收到花后可开心啦。"

接着我又追问孩子们，你们的感受是什么？

"妈妈今天抱我了，我很害羞。"

"妈妈很开心，我也很开心。"

"要是每天都有香香的花朵就太好了。"

孩子们幸福的神情、甜美的笑容温暖着我。现代教育家陈鹤琴先生指出："幼儿园需要布置一个科学环境，尽可能地领导儿童栽培种植（花卉、蔬菜）。布置儿童从事浇水、除草、收获种子等工作……"春天是个播种的季节，结合孩子们的兴趣特点，让孩子们通过自己的观察，了解植物的生长过程。快和我们一起探索花儿的秘密吧。

二、学习种植，充满好奇

我们种植过大蒜、研究过土豆，可是花朵是怎样才能长大呢？它的种子是怎么种在泥土里的呢？这次种植活动，我们请到了班级有种植经验的爷爷给孩子们做了一堂小型讲座，帮助孩子们了解花朵的生长过程和简单的种植方法。在爷爷讲述种植过程中，孩子们认真聆听并又追问了许多问题，"水要浇多少次呢？""为什么需要用肥料"……孩子们的问题充满了童趣，孩子们的眼里充满着好奇。讲座之后，孩子们摩拳擦掌准备大显身手。在爷爷的指导下，孩子们小心翼翼地播种、浇水，每个孩子都认真地把种子洒下，并期待有美好的结果。

三、悉心照顾，期待成长

第二天，孩子们怀着期待的心情去看看花长出来了没有。可是一天、两天过去了，泥土表面一点动静都没有，一株花苗都没有长出来。孩子们着急地用放大镜去寻找，用铲子翻翻泥土，不时地问："老师，花儿怎么还不长出来？"我劝他们耐心等待，渐渐地发现孩子老是忘了给花浇水，晒太阳，驻足观察的时间变少了，更多的孩子又对"新来"的蜗牛产生了兴趣。他们虽然

对新鲜事物很感兴趣，但是他们的坚持性、耐性有限。当他们期望的结果久久没有出现时，他们的兴趣也就开始渐渐减弱。就在花儿遭到"抛弃"，又"惨遭"春雨的滋润后，孩子们惊喜地发现，一株株嫩绿色的小苗从泥土里钻了出来。

"发芽啦！""我的发芽啦！""终于发芽啦！"每天孩子们都有新的发现，并把自己真实的发现记录在册。种子的发芽让孩子们真真切切明白了，花儿需要水分、需要阳光，想要获得美好的结果必须要付出努力。

四、静待花开，享受喜悦

在孩子们的精心照料下，小雏菊确实长得很快，茎更粗了，叶子更绿了。孩子们每天又多了一件事情，就是和同伴比花儿的"身高"。当第一株黄色雏菊的花苞出现的时候，全班的孩子沸腾了，黄色小雏菊一下子成了"明星

花朵"。每天孩子们都会和小花朵说说话、给它"洗澡"、晒日光浴,希望能通过自己的加倍养护,争取让花朵更快地开放。在这次和花儿零距离接触中,大自然给我们上了生动的一课。

我们的感悟:

一、捕捉孩子生活中隐藏的教育契机

老师作为观察者,要留心发现生活细节中隐藏的教育契机。活动初期孩子们对新事物很感兴趣,他们会自觉地去观察。但随着时间的推移,孩子们的兴趣会减弱,这时就需要教师的穿针引线,只有这样才能帮助孩子抓住兴趣、体验乐趣,并且持续保持关注照顾植物的热情。通过亲自种植、亲眼观察记录、亲身体验收获,从中享受真实体验,获得直接经验,从而萌发自主探究的兴趣,获得初步的科学经验、体验发现和自主探究的快乐。

二、利用优势资源,引发学习动机

家庭是幼儿园重要的合作伙伴,取得家长的配合和支持是幼儿园教育成功的重要因素。在各种活动中,我采用公告栏、环境布置等形式让家长真正参与到活动中来。家长的参与,使孩子们的探索进入了更深的层次,而孩子们的活动积极性被激发起来以后,他们学习和自我学习的潜力也得到了尽情地释放。孩子之间的相互交流、孩子与家长之间的相互交流,使孩子们的实践能力得到了更快地发展。

三、鼓励、赞许、支持、记录每一个活动中的精彩瞬间

孩子们可以用眼睛看,用笔记录,用手触摸,用鼻子闻,还可以使用不同的工具。老师鼓励的语言、赞赏的目光又会激励孩子们去参与、去关心照料植物,去观察发现新鲜的事物。每个孩子在留影的过程中都会想到,和自己的花儿合影留念,孩子们个个付出了他们自己的爱的感情。我很希望孩子们可以永远记住他们在泥土中付出的汗水,永远记住他们看到花开时感到的那份欣喜,这将会成为他们人生中最大的财富。

(余艾力)

冬　　眠

故事一：死了还是睡着了

在探究型主题活动"过冬"中,孩子们在进行了关于"冬天气候的特点""自然环境的变化""人们的衣着"等内容的探究后,对"人是怎样过冬的"这个话题的兴趣开始淡化了。于是我把自然角的小金鱼悄悄地拿到教室的柜子上,孩子们都围着钢琴不停地议论,突然有一个孩子说:"老师小鱼怎么不动了,是不是死掉了啊!"其他孩子也说:"是啊,一动也不动了。"这时我发现孩子关注到了问题的重点,我说:"死鱼是白肚皮朝上的。"孩子们七嘴八舌地讲起来:"可是它没有白肚皮朝上啊?"

一个孩子把手伸进鱼缸拨了拨小鱼,小鱼摆动了一下尾巴,"老师,小鱼动了一下!"

"原来小鱼没死啊！吓死我了！"

"原来小鱼在睡觉啊！它真懒，大白天睡觉。"

"它睡觉为什么睁着眼睛啊，真奇怪？"

一个孩子跑到自然角，又跑回来大声地说："小乌龟和小青蛙也在睡觉！"

"真的吗？我去看看。"

我把三种小动物都拿了进来，孩子们围了上来，一个孩子说："好像小乌龟睡觉了，它闭着眼睛的。"其他孩子也伸着头看乌龟的眼睛。

"小青蛙也闭着眼睛睡觉呢。"另一个孩子说。

这时我请孩子们都坐下来，打开《动物世界》的DVD，里面是一些动物冬眠的生活实录，孩子们看得聚精会神，还不停地议论纷纷：

"哦，原来它们到冬天就会睡觉啊！"

"不是睡觉，它们是在冬眠！"

"冬眠的时候它们会不会饿死啊？"

"冬天找不到吃的好可怜啊！"

……

就这样，关于动物过冬和冬眠的话题就产生了，并且由人是如何过冬的很自然地生成到了关于动物冬眠的话题上。

故事二：动物为什么要冬眠

经过讨论，大家决定从家里带小金鱼来观察，并回家和父母找了很多的图片资料。我向孩子们抛出问题：动物为什么会冬眠？孩子们就这个问题提出了很多自己的想法：

"我和爸爸在网上看到，动物冬眠是因为找不到吃的东西。"

"冬天了就冬眠了啊，我在晚上也会冬眠。"

"冬天太冷了，动物没有衣服穿就躲到被子里面冬眠了。"……

于是我们一起对"动物为什么会冬眠"这个问题提出了两个假设：一是天气冷，二是找不到食物。由于孩子没有绘制观察记录表的经验，教师与孩子一起绘制了观察记录表。并用图标进行记录。（冬眠 ✔）（没有冬眠 ✖）

表1　动物冬眠与温度的关系

温度 ☀	室内 ⬆	室外 ⚡⚡⚡
周一（分组讨论）		
周二		
周三		
周四		
周五		

表2　动物冬眠与食物的关系

食物	有食物室外	没有食物室外 ✕
周一（分组讨论）		
周二		
周三		
周四		
周五		

故事三：冬眠小实验

童童、甜甜、球球、庆庆四人一组，他们觉得金鱼冬眠和天气冷有关。庆庆自告奋勇把自己的小鱼放在走廊的自然角，说："男孩子勇敢不怕冷！"

第二天庆庆就第一个来看自己的鱼，发现小鱼的嘴巴一张一张的，但是身子一动不动，他兴奋地告诉老师："耶，我的鱼冬眠了！"随后又去看其他人的鱼，发现在教室里的三条鱼还在游，又跑去告诉老师他们的鱼没有冬眠。然后高兴地拿出记录卡贴了一张"笑脸"贴纸。

第三天，他拿了温度计在别人的鱼缸里搅拌，突然发现温度计的红线在动，他立刻用手握住温度计，发现红线向上跑，于是就把这个新发现告诉了其他人，不一会儿组员都知道了这有个好玩的东西，把它放在水里上面的红线会向下跑，握在手里红线会向上跑。他得意地说："你们知道这是什么吗？温度计，我们家墙上也有这个东西的。""怎么玩的啊？"童童问。"这不是玩的，是量温度的，看我做给你们看！"说着他把握在手里的温度计插到童童的鱼缸里,嘴里念念有词:"我看看啊,12度啊!"然后又跑出去放到了自己鱼缸里:"我的才5度,太冷了! 所以只有我的小鱼冬眠了!"他得意地在自己的表格里写下了数字"5",还画了一个温度计的图。其他人也学着他的样子填了记录表。

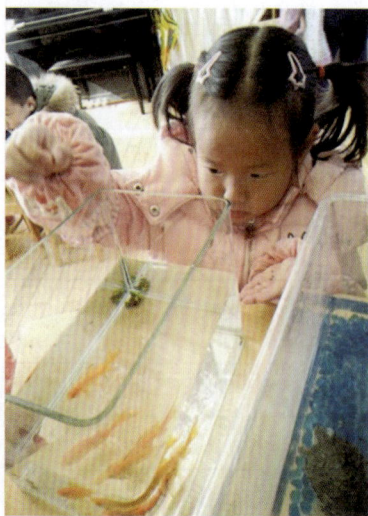

想想和轩轩两人一组,他们觉得,金鱼是没有吃的东西才会冬眠的,于是两人把鱼缸放到了走廊的自然角,可是在喂哪只金鱼吃东西上发生了争执,最后用"包剪锤"的方法解决了。

第二天,两人喂了想想的金鱼很多食物,轩轩拿着放大镜看了又看自己的金鱼,最后很紧张地问:"小金鱼不吃东西不会饿死吧?""不会的,你的金鱼很胖的,不会饿死的!"在我的指导下两人做好了记录。

第三天,轩轩一大早就来看他的金鱼,发现自己的金鱼一动不动地待在水底里,他又拿来放大镜仔细地看了一次,发现金鱼真的不动了,立刻把手指伸到鱼缸里戳了戳金鱼,金鱼被吓得快速游走,他拍拍胸口自言自语地说:"原来在睡觉啊!"随后又看看想想的金鱼,发现里面的鱼食全都化掉了,水变得很脏,小鱼也一动不动,但嘴巴一张一合,于是叫想想一起请老师帮忙把水换掉。这次两人商量了一下觉得昨天放的鱼食太多了,今天就放4粒在想想的鱼缸里。在想想的提醒下两人做好了观察记录。

第四天,想想喂完自己的小鱼,又从其他组拿来了温度计,拨弄轩轩的金鱼,然后用手指指着温度计上的红线仔细地看了一会儿说:"真冷啊!"轩轩凑过头来说:"哇,才4度,好冷啊! 我的小鱼冻僵了! 怪不得一动不动呢!"于是赶快在纸上写了个大大的数字"4",然后贴好贴纸记录。他拿着记录表跑过来给我看,"老师你看我的小鱼冻僵了! 不对,是冬眠。"想想说。

感悟:

一、让活动从孩子中来,到孩子中去

活动中,教师提供给孩子的物品有:放大镜、酒精温度计、动物饲料。孩子对放大镜较为熟悉,可是对温度计不了解。在已有观察蒜头的经验基础上，孩子对记录的方法有了初步了解。孩子通过观察、讨论、实践完成探究。活动中，孩子对探究的对象产生强烈的体验感受和成功的喜悦感。中班孩子已经具备一定的探究能力，教师提供的探究材料激发了孩子们的探究兴趣，孩子以小组形式进行合作、观察、交流，从交流中获得能力和经验，并体验探索求证的愉悦。活动中教师更应注重孩子自身的感受和体验，在生活中自然沉淀、积累，取之于生活而又用之于生活的经验才是最可贵的。

二、鼓励、支持孩子在探究中交流

孩子开展探究活动，教师要鼓励每一个孩子都参与到适合自己能力水平的探究活动中，通过观察发现问题，大胆预测、认真实践、做好记录。在活动中，孩子们体验和尝试了最新的学习快乐，真正是学习并快乐着。对孩子而言，知识的获得、能力的形成不只是从客体本身直接得到的，更多的是在交流、互动的过程中逐渐形成的。教师支持孩子发挥在科学、语言、社会等方面的才能，来展示自己的学习内容，则重在观察孩子的活动状态，研究孩子是如何操作材料、获得经验的。教师的教学活动方式的更新，改变了"教师教、孩子学"的单一模式，在孩子遇到问题时，用师生共同探究式、互动式的教学方式，带着大家一起来思考，比教师直接告诉孩子答案有意义。在自然角的观察活动中，温度计成了大家的"新朋友"，孩子认识了温度计，初步学习了测量温度的方法，掌握了新的技能，这个新知识是来源于孩子之中，教师应尽可能地发挥"生生互动"的作用，让孩子在与同伴的交流中产生继续探究的兴趣。自发、自主的活动，让孩子兴趣持续时间更长，会让孩子更有积极性，平时不愿意说话的甜甜也可以和同伴大胆讨论，上学天天迟到的轩轩每天都会兴冲冲地赶到自然角看小鱼，做事情很没有耐心的庆庆也坚持一周不间断地观察记录了小鱼冬眠的情况。

三、允许孩子有出错的权利，接纳孩子错误的认识

孩子的错误代表着孩子当前的认知水平，我们所认为的错误也许在孩子眼中就是"正确的"。所以要给予孩子出错的权利，并把他们的错误作为了解他们思路线索的机会和背景，对于他们出现的错误要宽容和理解。

四、少干涉，给予孩子必要的帮助

孩子科学探索活动应该由孩子自己通过亲身经历去发现，而不是按照老师告诉他们的步骤做。活动中，给予孩子充分的行动自由，在种植观察的

活动的经验基础上，真正实现了教师是引导者、支持者、合作者；当孩子发生情感挫折时，教师要立刻给予孩子情感上的支持，以保持孩子继续探索的积极性；教师要多问少答，对孩子问答不急于给予肯定或直接给予答案，而应用鼓励、提问和质疑的方式。

教育是一门遗憾的艺术！没有尽善尽美的活动，也没有百分之百成功的教学活动。在本次活动中，由于孩子的个体差异，决定了孩子的体验也各不相同，并不是每个孩子都会在活动中体会到成功和愉悦，也并不是每一份孩子的作品都会绚丽夺目，但是孩子们在活动的直接操作中获得了体验和相关经验就已经是很成功的了。

（童兰蝶）